东方守艺人

守艺人

在时间之外

艾江涛 葛维樱 等

——

著

湖南文艺出版社

HUNAN LITERATURE AND ART PUBLISHING HOUSE

图书在版编目（CIP）数据

东方守艺人：在时间之外 / 艾江涛等著 . -- 长沙：
湖南文艺出版社 , 2023.10

ISBN 978-7-5726-1281-7

Ⅰ . ①东… Ⅱ . ①艾… Ⅲ . ①手工艺—民间艺人—介
绍—中国 Ⅳ . ① K825.72

中国国家版本馆 CIP 数据核字（2023）第 169721 号

东方守艺人：在时间之外
DONGFANG SHOU YI REN: ZAI SHIJIAN ZHIWAI

作　　者：艾江涛　葛维樱　等
出 版 人：陈新文
监　　制：谭菁菁
责任编辑：吕苗莉　李 涓　何 莹　戴新宇
责任校对：彭　进
书籍设计：尚燕平
排　　版：百愚文化

出　　版：湖南文艺出版社
　　　　　（湖南省长沙市东二环一段 508 号 邮编：410014）
网　　址：www.hnwy.net
印　　刷：长沙新湘诚印刷有限公司
经　　销：新华书店
开　　本：880mm×1230mm 1/32
字　　数：210 千字
印　　张：9.5
版　　次：2023 年 10 月第 1 版
印　　次：2023 年 10 月第 1 次印刷
书　　号：ISBN 978-7-5726-1281-7
定　　价：72.00 元

寻找手艺和手艺人

曾焱

"活"的技艺

2007 年 12 月底，得知自己要参与封面专题《传家宝》，有一点小兴奋。这是一个关于传统传承的话题，而我的私心，是期待采访中能够看到自己 3 年前在一篇文章里转述过的情景：手艺人和手艺，"他们的指尖与内心深处有着某种特殊的联系"。

我对手艺和传承的话题发生兴趣，回想起来是在 2004 年夏天看了一个法国手工品牌展之后。除了昂贵的手工家居奢侈品，当时现场更有意思的部分，是法国文化部带来了 50 位"手工大师"的作品：老式钢琴修复、面具制作、皮革镀金、抄谱……以前从未见识过的古老技艺以及法国人对它们恋人絮语般的讲述都让我沉迷其间。那两年我在主写《三联生活周刊》的"话题"栏目，回去就做了一篇报道，题目是《古老手工的光荣和梦想》，有一段记述了我在现场的感慨："一条围裙，一间作坊，一堆孩子，代代相传的秘密工艺，也许在多年以后的某一天会静静消失，只剩下家族的名字在作品之上，成为华美橱柜里陈列的古老印记……我对于欧洲手工艺人的印象，基本上停留在这样一种版画的氛围里。"这次采访的另一收获，是让我了解到法国有个CMA机构，即手工业行会，专门负责清查保护法国的古老手工技艺，他们记录在档的手艺人当时公布的数字是3.3万名，涉及200多个传统行业。CMA一位负责人告诉我，1994年，法国文化与公共关系部创立了"手工大师"的称号，目的是将传统艺术和现代创作相结合的手工确认为国家遗产，通过国家行为来保护技艺拥有人，使古老手工在现代工业的冲击下不至于消失。技艺拥有者如果愿意接受政府给予的"大师"称号，就必须做出庄重承诺：在3年内选收一名徒弟，将全部技艺相授，使之成为"活"的技艺。不过，法国政府对这种"手工大师"的认证特别慎重，我在2004年得到的数据是：全法10年间总共只授予了63人，平均每年不到7人。

《三联生活周刊》的封面故事，通常是由几个记者合作完成。主持那期《传家宝》专题的是副主编舒可文，参加者除我之外，还有葛维樱、钟和晏、马戎戎、杨璐、李晶晶等人，她们各选了龙泉窑、富阳纸、上海顾绣等传统工艺，去到当地采访。我自己确定的两个采访对象是常州留青竹刻和宜兴紫砂。出刊后曾有人问我，周刊写到的这些手工门类是以什么标准挑选的？其实没有什么条框，印象中开会讨论时，主编朱伟好像只对我们提了两个要求：手艺本身要有传承的脉络；手艺当下的生存状态要有实地观察。以我的理解，文章需要的不是资料和转述，而是这一个"现场"：寻找到手艺传承人，让他们自己讲述代代相传的技艺、生活以及现实生存。

舒可文后来在她撰写的导言中把编辑思想阐述得很清楚。她强调传统技艺在现代复兴，其间可作为"传家宝"的实则是一种"精神底气"：

"虽然中国传统工艺在现代一路衰败，但一线血脉在民间留存，在狂欢的物质迷乱中，传统工艺在民间复兴。清人石成金著有一本度人警世、'保全性命于乱世'的《传家宝》，其中大小雅俗今天看来已经不堪为宝，而在那个狭仄空间中传承着的百工技艺在与现代方式的比对中逐渐呈现了一种传家宝的精神底气，这种工艺制品以其古老的手艺和传统的造型在工业产品为主要生活用品的生活环境中重新被定位，所以在价格体系中这些工艺制品也得到了相应的位置，变成了高档制品。""春节时，我们像拿出传家宝一样，讲述工匠们述之守之的传承故事。"

舒可文在导言中也提及，1996 年一些专家曾以《装饰》杂志的名义提出过一个倡议书——"中国手工文化及产业的理想状态应该是：一部分以传统方式提供生活用品，作为大工业生产的补充；一部分以文化遗产保存下来，作为认识历史的凭借；一部分变为审美对象，成为精神产品；一部分接受现代生产工艺的改造成为有传统文化温馨的产品。"

《三联生活周刊》对文化话题的挖掘基本都是遵循这样的思想方法，很少停留在事件或现象本身。《传家宝》之前，2007 年，朱伟安排我主笔写过一期也是文化传承内容的封面专题：《9 个藏家与藏品》。那次我们通过"盛世收藏与名士藏家"这个话题所谈论的，不是当时收藏市场的热闹和膨胀，而是想在多个收藏人物的采访中，呈现文化传统中"传衍和召唤的力量",即当代人希望通过古董收藏达致的"沉着自定的历史力量"以及"识物知天的心性"。

回到《传家宝》的话题背景,那几年中国社会对手工和传承的热度已经在某些特定群体内有所发酵,比如各美院的师生,自由艺术家,还有通过网络集合起来的手工爱好者。豆瓣网上有个"技艺"小组,成员都是对手工有兴趣的人,他们在上面发布各种和手艺、传统文化关联的内容。有意思的是,这个小组在2007年12月20日那天成立,和我们确定《传家宝》选题几乎在同一时间段——《传家宝》是2008年第四期,是那年春节长假前的最后一期杂志,2008年元旦前后,领了题的同事们正撒网各地分头采访中。

出发赴常州前,我找到一篇中国美术学院杭间老师在2000年写的文章,是他为日本民艺记录者盐野米松的《留住手艺》中文版所做的序言。盐野米松用30年时间在日本各地寻访民间手艺人,他朴素的记述感染了很多人去关注手艺和传承。日本"民艺运动"一直做得很好,持续一个半世纪,并在20世纪50年代就有了"活的国宝"政策,保护被现代工业冲击的传统手工,法国人也承认他们授"手工大师"是受到日本启发。但盐野米松寻访的不是"活的国宝",而是那些还没有资格被列入国家保护计划的普通手艺人,记录他们如何用一生守护一门技艺。20世纪八九十年代,盐野米松也断断续续走访过中国的景德镇、潍坊、西安等地,写了一本《中国的手艺人》,我印象比较深的,是读到他在一次访问中提及,他在中国遇到的手艺人大致是两种:一种人仅仅为了赚钱,对手艺已经没有什么感情了,变得很麻木;还有一种人依然对手艺充满着感情，把感情融入对手艺更深入的钻研中，并把它作为很大的乐趣延续下来。

但后来我在采访中见到的手艺人，似乎更多是以上两种之外的第三种：他们出身手艺世家或师承名匠，内心对手艺有热爱和尊崇，现实中却纠结于抓住机会大把赚钱和忠实技艺本身标准的摇摆失衡中。传统手艺人那种笃定的、安之若素的生活态度，在变化多端的中国社会终究是很难看到了。

传统手艺的现代处境

盐野米松在他书中说到日本传统手工消逝的几大原因：人们不再需要了；手工艺所用的材料不足了；还有一个原因是年轻人不愿学艺了。在中国也是这样吗？我觉得不完全是。那些传统手工业重镇，比如景德镇、宜兴，年轻人未必不肯学艺，但有前提，那就是这门手艺当下可以带来多少谋生机会或财富积累的可能性。我那年去到的宜兴丁蜀镇，紫砂制壶业在 20 世纪 80 年代的几度扩张给当地手工传承制造了令人惊讶的热闹表象，在台湾买家推动之下，紫砂行情在 1990 年曾到了最高峰，1997 年落下去，2004 年前后又重新涨起来。市场需求让丁蜀镇人收入激增，学习制壶手艺开始热门。紫砂名家徐秀棠的儿子徐立跟我说，现在紫砂市场看起来很火热，但真正的传统手工工艺实际上处于萎缩状态。有真本事的师傅不愿再外传手艺，徒弟学个大概就恨不得立刻自立门户挣钱，当枪手做假壶的现象在宜兴到处都是。而在 20 世纪六七十年代低潮期，制壶其实没有年轻人愿意学，宜兴紫砂工艺厂招一次工拉去几百人，能坚持到底的不过几十个。在丁蜀镇制壶的传承谱系里，徐立是个异数：有大学文凭，做过外贸，少年时期抗拒跟随父辈，30岁后主动拜师学艺，其时心性已经成熟，对技艺的领受力高于普通工匠，对手艺传承的现实处境也看得比较清楚。在整个采访中，他的观点给了我一些不同的视角。

我选丁蜀镇作为"现场"，是因为它和景德镇一样，具有中国传统手工现代生存的典型形态。现代"紫砂泰斗"顾景舟1996年去世后，有"中国工艺美术大师"头衔的宜兴制壶名家大约还有10位。我以徐秀棠和徐汉棠兄弟来展开讲述，是想尽力梳理一部分传统手工的家族传承谱系。当地一位比较熟悉情况的朋友介绍，即使在紫砂世家众多的宜兴，徐门谱系也有它的代表性：制壶跨五代，两代和顾景舟有师承，又以联姻方式和丁蜀镇其他世家交织，可以说浓缩了丁蜀镇紫砂工艺自民国以来的传承史。选择采访紫砂制壶技艺的原因我在文章里也写到了：紫砂器是我国传统工艺中最早落有个人名款的一类，从打泥条、围身筒到烧制完成，完整体现了制作者自己的技艺和趣味，也使得这门技艺的传承脉络更加清晰可辨。徐秀棠的陶庄占地30亩，是丁蜀镇最大规模的私人紫砂工坊之一。徐秀棠的儿子徐立是"传统全手工成型技法"的追随者，他认为全手工是紫砂工艺最独特的内核，辘轳拉坯、石膏模挡坯、泥条盘筑法在世界各地的陶瓷工艺中都有，紫砂工艺中的木转盘拍打、镶接成型法却别无他家。而我印象最深的，是采访中他们给我讲起顾景舟晚年做壶的那种极尽精工，一把壶做上三四年的极端情形："常常是做一点，将泥坯放进套缸揞上几个月，等有想法了再取出做一点。"我就想,在一把名匠落款的手工壶可以卖到几十万元的今天,还有几人能够静心于室,花费几年时间去做一把壶?

对于常州留青竹刻,知道的人不多,我写它也比较偶然。2006年周刊新设了"收藏"栏目,我负责采写到2009年,对这个领域于是慢慢熟悉了。我知道王世襄先生是收藏界的鉴赏大家,生前偏好竹刻,与很多民间竹刻高手都有书信往来。他在《竹刻艺术》里列举当代留青竹刻五杰,常州占了四位:白士风、徐素白、徐秉方、范遥青,我因此对常州竹刻留有很深印象。徐素白、徐秉方父子擅长留青写意,常居上海,结交广阔,作品文人气较多,与传统留青竹刻保有距离。白士风是常州雕庄人,那里自明清就有竹刻传统,村民向来以雕刻扇骨、鸟笼、麻将牌谋生,从前在上海、苏州开扇庄的很多都是雕庄人。白士风从20世纪40年代直到去世都没有离开过常州,传承留青传统精工技艺,创白门竹刻。他的大弟子范遥青也是雕庄人,足不出乡里,在80年代以"农民竹刻家"成名,王世襄推崇他的作品,现在他是江苏省"非遗"名录上的常州留青竹刻传承人——这些和我心目中民间竹刻技艺的传承情形较相吻合。我辗转认识一位在收藏圈里活跃的常州朋友,以前听人说他熟识白士风的弟子范遥青和王志伟,当时就那么一听,没想到这条线索用上了。我们采访了白士风的儿子白坚仁,他拿出了王世襄和他父亲在20世纪70年代末80年代初的往来信函原件,让我们查阅并拍摄。范遥青听力不好,方言口音重,我们基本借助笔谈和朋友翻译,才聊完他40岁带艺投师的故事。

在常州采访3天,最深的感受是,手艺商业化和传承传统的矛盾并非当下才有。江南地区的嘉定和金陵，竹刻工艺自明代万历以来一直比常州有地位，但自清末衰落，100年里再没有出现可以撑起一门一派的大匠。民国吕舜祥写到嘉定竹刻传承式微的原因是"只知赚钱，诸凡随便，不求精工……致技术有退无进"。白士风20世纪60年代进入常州市工艺美术研究所，七八十年代技艺达至个人巅峰，他的人生经历和竹刻工艺的整体发展状况也是相合的。常州留青竹刻从50年代至80年代，其间起落和其他工艺门类大致一样：50年代初合作社成立，老师傅成为公家人，通过国家指定授徒而将因为战乱停滞的技艺传承下去，并在80年代的商品经济早期进入一个高峰。到80年代末工艺行业开始显现颓势，90年代工厂改制，作为"生产中的手艺"，留青竹刻可以说已经宣告消逝。作为"生活中的手艺"，竹刻臂搁和摆件等在实际生活中也很少再被人需要，以范遥青为代表的技艺传承主要靠竹刻的收藏人群来得到生存和延续，而这种支撑并不足够稳定，随着北京的王世襄、香港的叶义等收藏大家离世，民间竹刻手艺人的生存和发展空间也随之日渐萎缩。

同事葛维樱和杨璐在浙江富阳蔡家坞实际上也看到了同样的问题。蔡家坞自宋代就以出产供皇帝祭祖的"元书纸"闻名，她们的采访对象蔡月华是手作"元书纸"的第19代传人，他和妻子当时也是蔡家坞唯一还在制作"元书纸"的人。作为一个恪守本分的手艺人，这对夫妇的生存现状是这样的：每天早上4点起床，4点半开工，一天忙碌下来的出纸量在1200张左右，每被老板收走一张纸，这家人可获利0.55元。他们有古老手艺，但是砌不起三层小楼的住房，那是做卷帘门生意的村民才有可能达到的富裕程度。这样的手艺传承还能够延续多久？这是葛维樱她们提出的问题。

2014 年 5 月，王世襄先生百年诞辰，周刊分派我做封面报道《王世襄和他的朋友们》。在王世襄的弟子、明清家具鉴赏家田家青家里采访时，我在一个案几上看到几件竹刻，用棉袜仔细包裹着，其中一件臂搁正是范遥青落款的作品。田家青看我对他用棉袜包裹藏品有点惊讶的样子，解释说，北京气候干燥，竹制品用棉袜包裹不易产生裂纹，比什么方法都管用，这些都是王先生教他的。我向田家青老师打听范遥青的近况，想起几年前采访几位手艺大师的情形。范遥青老先生倔强、沉默，生活在边缘。而另一位采访对象徐秀棠老先生，通达、圆润、不乏见地，家门外有人捧着现金排队等他一把壶。两位老人用不同的方式在留住手艺。而我期待找到的，"指尖与内心深处的某种特殊联系"，在 2008 年那个 1 月，始终没有进入现实。

目录

新　生

唐以金：匠人匠心

71 岁的农民唐以金以一己之力，实现了一个古民居异地重建的当代"神话"。

初心

已经第四天了，连日来倾泻而下的暴雨昼夜未停，仿佛在桂北的天空中撕开了一个大窟窿。穿城而过的灌阳河如同一条吸饱了水伺机窥探的水龙，浩浩荡荡的触须直逼河畔。71 岁的唐以金忧心忡忡，这个面色黝黑的干瘦老头儿一脚深一脚浅地来回穿梭在河岸边查看险情，溅起的泥浆弄脏了裤脚也浑然不知。11 月的南方冬季阴冷潮湿，他只穿了一件唐装棉布衫，脚踩军绿色解放鞋，衣衫单薄却不觉得冷。

唐以金的古民居修复工地就在灌阳河西岸，小型的倒灌已经出现。奔流不息的灌阳河古时曾是连通桂林西北地区的水路主航道，沿岸分布着 13 座古码头，20 多架水车灌溉着万顷良田。随着岁月变迁，河岸边昔日的辉煌印迹早已消逝。如今的西岸旷野上，却奇迹般地矗立起一座座青砖青瓦飞檐翘首的古民居，这是唐以金默默耕耘 5 年异地拆迁修复而成的心血之作。如愚公移山般执着的老唐，终其余生，仍将继续。

对于我们的到来，唐以金的老伴黄让英似乎并不欢迎，把手里的

在广西灌阳河西岸白地头荒地上异地重建的蒋仁禄古宅群落

扫把簸箕敲得梆梆作响，用我们似懂非懂的方言尖厉地数落着老唐。或许是当着外人不好发作，又或许是对本应安享晚年却跟着自己受苦的老伴多有歉疚，面色讪讪的老唐并不回嘴，只沉默地点燃了一支烟。烟头的微弱光亮在桂北晦暗的天色中忽明忽暗，恰如老唐此刻阴郁的心情。他眉头紧锁地猛吸了一口烟，闷闷地说："现在是我这么多年来最低潮的时段。"

唐以金对修复古民居近乎执拗的坚持并不是偶然，而是年轻时就埋下的种子。地处湘桂走廊的桂林市全州县，在2000多年的楚越文化交融中，形成了独特的古建筑文化。唐以金的家就在灌阳河东岸的全

州县邓家埠村，自幼家贫的他16岁就跟着老匠师们学习木砖瓦工。在老匠师手中，再平凡不过的木料和石块也能变成建筑精品，精湛的技艺让唐以金深深着迷。尽管后来转行现代建筑，唐以金仍对老房子有着特殊的感情。在走街串巷讨生活的几十年间，无论走到哪里，他都本能地留心当地的老建筑，每每看到老房子被盗被卖，就心疼不已。

2009年10月，当卖沙的老主顾在闲聊间告诉唐以金，自家村里的一组清代民居建筑群由于湘桂铁路扩建将被拆除时，老唐便坐不住了，坐着运沙车就赶到了永岁乡的和好铺村。和好铺村曾是古代南来北往商贾贸易的集散地，如今却成了不得不搬迁的夹心村：公路擦着村后走，铁路贴着村前过。由于缺乏资金，当地文物部门对村里这组尚未被列为文物的古民居也无力保护，只能任由拆除。老唐风尘仆仆赶到的一瞬间，就被眼前的恢宏与精致震惊了。

让唐以金惊艳的古民居群落占地面积约2400平方米，尤以该村清代先贤蒋仁禄建于嘉庆三年（1798）的家宅、和好铺学馆及蒋子麟宅三座建筑最为精美。蒋仁禄家宅为硬山顶穿斗式建筑结构，是整个古民居群落的核心，附属建筑则分别坐北朝南、坐南朝北散布在主建筑两侧。走进这座三进四院的大宅院，大门前设前院，一二进间以排扇门隔断，二三进间则竖立着蜈蚣形隔断墙，中开月亮门，屋内精雕细琢的雕梁画栋，堪称桂北地区的古建精品。

当唐以金赶到时，高铁建设指挥部的挖掘机已经铲掉了古宅门楼的一角，精美的雕刻瞬间被碾为粉尘。这一挖也如同在唐以金的心上捅出了一个窟窿，穿堂风吹得心里凉意四起。老唐当场横下心来，拿出自己打拼多年的积蓄也要将古宅买下来异地重建！指挥部只给他三天时间考虑，时间一到全部铲除。辗转反侧的老唐不顾四个子女的强烈反对，誓要揽下这桩惊世骇俗的"闲事"。

唐以金的古民居异地重建计划一经抛出，就立刻在和好铺村里炸开了锅。村民们议论纷纷，世上哪里还有这么"愚"的人？虽然老唐不厌其烦地一遍遍重申自己的初心，但村民们始终半信半疑。居心叵测的文物贩子趁机散布的谣言，裹挟着人们的疑虑在整个村子里不断发酵。一时之间，不少人甚至怀疑老唐的真正目的是骗买文物。

短短三天时间里，腹背受敌的唐以金殚精竭虑排除万难，逐一拜访了拥有古民居所有权的 20 多户村民，最终艰难地买下了这组古民居。有些村民虽然嘴上同意了，但心里的疑虑并未消除，他们偷偷地把木构件藏起来，甚至不惜把这些珍贵的雕花当柴火烧了。

纵然知道村民们私底下的小动作，老唐也无可奈何，因为更艰巨的任务还在等着他——赶在三日之期前，把整组古民居的图纸抢绘出来。正常情况下，绘制占地面积约 2400 平方米的古民居群落图纸，至少需要半个月时间，但老唐硬是在三日之期的最后一天完成了整个平面图的绘制。

"说老实话，人的一生就只有那么久。当社会需要你挺身而出的时候，不做，愧对先辈，于我也是一辈子的遗憾。" 6 年后身陷低潮的老唐坐在火塘边抽着烟，花白的头发越加稀疏，精神头也不似往年足。但回忆起当年的决定他仍然不后悔，老派的他笃信因果循环："冥冥之中这座宅子的先辈在看顾着我哩。"

匠心

第四天，天刚蒙蒙亮，唐以金便紧锣密鼓地开始了古民居拆除的编码下架工程。虽然和好铺村的这组古民居并未列入文保单位，但他却严格按照文物的有关技术标准和要求进行拆除，并请县文管所的工作人员进行现场指导。"对古民居来说，木构件是它的一大特色，所以每拆一件，哪怕是最细小的部分，都要拍摄影像资料，记录它原来所在的位置。"唐以金强调，"就算是两边一模一样的窗户也要进行编号，确保不被混淆。"

古宅构物原件和复制品对比

　　真正拆解时，却更像是一场智力与手艺的考验。"拆解古建筑必须懂得榫卯结构的奥妙，否则便不知该如何下手。如果强行拆除，已经损坏的榫卯结构就永远无法复原了。"在下架过程中，唐以金意外地发现，每一个榫卯结构的接合部位都有先辈工匠们用竹笔留下的标记索引，标明何处与何处连接。这一发现让他兴奋不已："就像是找到了这座古老建筑中蕴藏的密码说明书，对拆解和复建都太有帮助了。"

　　唐以金告诉我们，整个拆解过程中最难的要数穿斗式架构了。所谓穿斗式就是穿枋将中柱、金柱、檐柱穿起来形成的架构，相当于现代建筑中的承重墙。"在拆解时，三根柱子必须同时放下来才能保持力的均衡，否则柱子一砸下来就不可能复原了，甚至可能砸伤人。"老唐胸有成竹地传授：合适的角度、绳索的管控、平衡的把握是安全拆解的诀窍。在他的指挥下，20多个工匠通力协作，长达40天的拆

全州县思源民俗博物馆，位于枧塘镇白地头村

解过程中，无一人受伤，无一物受损。大卡车整整运了180多趟才把上万个构件，运送到当地山脚下老氮肥厂和湘江河畔一处简易的瓦房里暂时保管起来。

为了选好复建地址，唐以金几乎跑遍了全州县城附近的山岭，从东山瑶族乡的云溪岭到古洮阳城遗址，再到白宝乡桐木湾村等四五处地方，却都没有成功。"人家上来就问我有没有立项，没有立项就不合法，不合法就不能征地，即使老百姓同意征地，但人家说要回去就要回去，你是一点办法都没有。"唐以金只能硬着头皮去跑立项，可县政府对此事的态度却让老唐捉摸不透，走到哪里不是碰个硬壁，就是遇个软钉。

时间一长，眼看着拆下来的陈年木构件在仓库中慢慢受潮朽坏，走投无路的唐以金不能再等了，他想到了老家邓家埠村对岸的那片荒地白地头——它位于两乡三村的接合部，在灌阳河西岸已废弃多年。唐以金用自家的6亩责任田把这块荒地置换下来，并投资120万元修通了白地头与外界相连的村级公路。地方终于找到了，但自下而上层层申报的立项却仍然遥遥无期。"等项立起来，文物早就消失了。"老唐决定"先上车，后买票"，先行开工把文物修复起来，再慢慢完善手续。

可拆解容易复建难，180多车、数万个构件，在没有详细图纸的情况下，如何能做到一丝不差地原样复建？听起来似乎是一个不可能完成的任务，年近古稀的唐以金却凭借一个匠人的惊人悟性做到了。运用之妙，存乎一心，古建筑修复是极为专业的工作，很多手艺到现在也失传了，对于唐以金来说，也是在边建边学，不断摸索。

"现在懂得古民居修复技术的工匠已经相当稀少了，最年轻的一拨，到如今也有60多岁了。"老唐说，古建筑的构件不是千篇一律的机器制造，而是精雕细琢工效缓慢的手工制作。"20多个工匠花了800多天，才完成主体结构的复建。这还只是组装拼接，免去了制作流程，否则还要花上三倍不止的时间。"而这组古民居的木制、石制雕花多达上万个，山墙墀头也有200多个，要对缺失的雕花进行仿制、对损坏的墀头重新修复，全部完工还需要两年左右的时间。

"如果及格分是60分，我要求起码做到80分，否则必须返工重做。"

唐以金力图重现古建筑的原汁原味，要求"一点儿不变味，一点儿不走样"。自 2010 年 5 月开工以来，老唐便全身心扑在古宅的修复上，集设计、施工和监理于一身，大到建筑的整体设计布局，小到每一个木构件的修复，事事亲力亲为。5 年来，老唐就像上满了发条的闹钟，每天都在现场忙碌着，工匠们都摸清了他做事较真的性格，自觉地不放过任何一个细节。

对于没有大损毁的原始构件，组装完成后再次进行防腐处理；而对于那些破损不堪的、无法恢复原貌的原始构件，则采用新的木料按照原始尺寸和古建筑工艺加以复制。让老唐骄傲的是，这组古民居对原材料的修复率高达 98%。"几乎每一个来这里参观的古建专家都惊叹，怎么能复原得这么到位！"虽然文化程度不高，但老唐对古建筑的悟性极高，是真正能跟古建筑对话的人。他心怀敬畏的修复，使得这组古建筑具有了某种神性的光辉。

忧心

和好铺的村民们一直在默默关注着唐以金的一举一动，当他们亲眼看到先祖修建的古宅在 14 公里外的灌阳河畔一砖一瓦地慢慢修复起来，曾经的满腹疑心也被感化了。村民们甚至觉得惭愧，后人没有保护好祖先留下的古建筑，反倒是一个不相干的旁人在倾力保护。一些村民还陆续把偷偷私留的木构件又主动拿了出来，这让唐以金十分宽慰："他们终于理解，这个老头儿确实没有骗人。"而老唐的子女们，也从当初的极力反对转为默认。

蒋仁禄古宅构件细节

　　唐以金的梦想不止于此，他开始建设一个占地面积 2.6 万平方米、总投资人民币 5000 万元的桂北古民居博物馆——他要在这里"复活"100 座古民居。一发不可收的他，又陆续买下了数座有代表性的桂北建筑加以修复。"博物馆建成后将免费供人们参观，也为那些研究传统文化和艺术的人提供方便。"唐以金说，在传承这条路上，他希望起到抛砖引玉的作用，吸引更多人参与进来。

　　没日没夜地赶工和巨大的精神压力，把唐以金的身体拖得异常疲倦。一次，他在 2 米多高的架子上管控绳索，一不留神一脚踩空摔了下来，当场晕了过去。十几分钟后才苏醒过来，所幸只是腰部韧带拉

全州县思源民俗博物馆，清嘉庆年间的蒋仁禄古宅异地重建

伤，他让老伴帮着绑了根护腰带就急着重回工地。旁人无法理解："都一把年纪了，还这样拼命，图什么？"老唐却笑着说："人活在世上，不能光顾着自己，总得为后人留点什么。"

可越来越多的问题正在困扰着这个老头儿，资金不足和缺乏支持让古民居博物馆的建设进度慢慢停滞下来。事实上，也有不少人希望参与到古民居博物馆的开发中来，但最后都没有谈成。"我跟他们说，想投资我非常欢迎，但在合适的时候我会把它无偿捐给国家，你必须尊重我的选择。"听老唐这么说，所有人头也不回转身就走。"这些人是抱着赚钱的心态来的，跟我保护文化遗产的志向不一致。"老唐心里跟明镜似的，"如果跟他们一起做事，早晚会坏在他们手里。"

老问题没有解决，新的矛盾却在不断增加。上游开来两艘挖沙船非法采沙，古民居博物馆的自然环境面临破坏。老唐向有关部门反映情况，却被挖沙者恐吓："如果我们挖不成沙，你也休想修得成房子。再去县里汇报，就搞掉你。"没过几天，老唐家看守材料的六只狗就被毒死了。"我也知道修复古民居风险很大，但没想到干扰这么多。"重重阻力快把老唐的壮志磨平了。

"放着好日子不过，去搞那吃力不讨好的事做什么？"老伴黄让英过去几十年里跟着唐以金走南闯北，吃了不少苦。"在外包工做事，我来帮他守材料、守工地。住在厂棚里，睡在木板上，一辈子没享过福。"老两口做着最苦最累的活儿，一辈子好不容易积攒的财富却在短短几年里尽数投进了老唐守护古民居的梦里。对于执拗的老唐，黄让英不是没有怨言，但每每看到势单力薄的老头儿苦苦支撑着，却又于心不忍。

弹尽粮绝的老唐拆东墙补西墙，梗着脖子硬撑到现在。周围邻居都觉得老唐"愚"：类似和好铺村的古民居在全州县内还有不少，大多没有列入文物保护单位，面临人去楼空、年久失修的窘境，就靠你老唐一个人，保护得过来吗？无数参观者在政府人员的接待下熙熙攘攘而来，热闹过后却什么实际问题也没解决。子女们也开始怪起老唐来："肯定是做不起来的，你别做了。"

唐以金似乎陷入了困境，跟以往的豪情万丈比起来，靠近他的人明显感到他的忧郁。别人笑我太疯癫，我笑他人看不穿，这个固执的老人也渴望理解："哪怕多一个人知道我的内心世界呢？"年事已高

蒋仁禄古宅构件细节：窗花

的老唐平时说话费神，便干脆闭上眼睛聊天，此刻却睁圆了双眼，拔高了声调："我只想讨个说法，这么精美的古建筑到底值不值得保护？难道真的是我异想天开做错了吗？"71 岁的老唐在和时间赛跑，他最忧心的是，当他的智力退化时，谁来接替他？

后记

2015 年，依托复原的古建筑群，唐以金建立了思源民俗博物馆。"思源"取饮水思源之意，寓意谨记古人的建筑智慧，保护好历史文化遗产。

经他多方联系，利用古民居特色及优势，先后创办广西师范大学文化保护与传承调查研究实习基地和南宁学院桂北传统民居教学研究实训基地。他用农民教授的身份传承技艺，也让更多的人了解中国传统文化，自觉传承和发扬传统文化。

2020 年，唐以金被国家文物局评为"最美文物安全守护人"。文物保护只有起点，没有终点，老唐说，他想把最难的事做完，未做完的事留给以后的管理者，一代一代接力守护。

关中皮影"三剑客"

在大众媒体和工业制造的冲击下，江国庆、汪天稳和李世杰成为关中皮影最后的"三剑客"。

"我朝也有几个英雄爷……"

江国庆和他的师父汪天稳，目睹了陕西皮影戏 20 世纪以来的溃败，至少在他们看来是如此。作为一种古老的傀儡戏，直至 20 世纪 90 年代之前，皮影戏仍是关中平原上广大农村红白喜事、逢年过节时不可缺少的活动，而现在，是皮影而非皮影戏成为故事的主角。

在多番电话联系后，我们终于和江国庆敲定了紧锣密鼓的采访时间，他们正在为 8 月份即将在北京恭王府举办的一次皮影展览加班加点赶制皮影。某种程度上，江国庆和汪天稳与他们共同打造的"华县皮影"品牌，一起见证与推动了这场皮影制作与演出分离的变革。

皮影制作与演出的分离，似乎是转型时代皮影一条新的生存之道，只是，这条道路也不容易，而更为艰难的是，皮影戏曾经真正的主角们——比如"德庆社"当年的台柱子、有"碗碗腔之王"称号的李世杰。

在陕西戏曲研究院那栋略显破旧的家属楼里，80 多岁的李世杰不时接待各路采访，见到我们的第一句话是："我现在对这个事情无望了。"现实的情况是，会唱皮影戏的艺人越来越少，一些并不懂戏的

制作精良的皮影头茬：丑　程咬金（左）　　旦　麻姑（右）

人反而弄虚作假，申报国家传承人。尽管愤慨，聊得兴起，他仍会取下墙上的月琴，坐在堆满杂物的阳台上，连弹带唱起来："我朝也有几个英雄爷……"

"皮影这个艺术太深了"

在江国庆的带领下，我们在一个小区居民楼 13 层的工作室里见到了汪天稳。他正带领四五位徒弟赶制《白蛇传》展的演出皮影，在这个二室一厅的房子里，大厅摆放着各种装裱完毕的皮影，一间房子用于雕刻，一间用于染色。每逢赶制一批急活，他们都会在这里进行一段时间的封闭作业。

制作精良的皮影头茬：净 尉迟恭（左）　　生 苏秦（右）

从 11 岁开始，汪天稳已经整整刻了 55 年皮影。最初家人想让他去学秦腔，他见那些唱秦腔的孩子很可怜，穿着浑身补丁的衣服，吃饭的时候还不能上桌，只能端着一碗饭远远地赶快吃完。皮影戏班的待遇显然要好一些，总共才五六个人，至少可以坐在一张桌子上吃饭。也因为从小喜爱，他从家里背粮带钱，一个人跑到西安，跟着在陕西省傀儡艺术剧团上班的同乡、皮影制作大师李占文，开始学做皮影。

过去，皮影制作艺人又称"影子匠"，往往受聘于有钱的财东，专门为皮影戏班制作演出道具。从 1960 到 1963 年，汪天稳跟着师父学了三年，那个年代，手艺行里的师徒关系非常紧密，形同父子。每天早上起来，汪天稳首先要为师父倒尿盆，叠被打水，睡前同样要伺候周到，而师父除了把手艺倾囊相授，就连订婚结婚也帮他拿钱张罗。

陕西皮影以西安为界，分为东南西北四路，最有代表的是东路和西路，前者集中于华县、大荔、渭南、华阴等地，后者则主要在宝鸡。东路皮影的制作最为讲究，其雕刻技艺所以至今领先全国，缘于其不同于其他皮影雕刻所采用的"侧刀法"，而采用"推皮走刀"的特殊技法——刀扎下去不动，靠食指、中指、无名指三个手指的功夫，推动牛皮雕刻，如此则可以清楚看到每个下刀的位置，皮影因此可以刻得和头发丝一样细。这样一来，对雕刻者的手上功夫要求就很高，练不好便钻不透牛皮。

开始，师父扔给汪天稳一块牛皮，让他用一只手压住，另一只手转牛皮，最后换成砖头，直到把手练肿再消了，才算过关。此外，每天早晚各半小时的练功还有讲究，早上必须在大小便之前练习。两个月后，师父才给了他一把刀子，开始刻小手、花草等最简单的配件。又练了一个多月，汪天稳开始刻一些简单的皮影人物。

谈起师父让他独自刻的第一段戏，汪天稳至今仍很激动："1962年11、12月，我给渭南一户人家刻了一段《三打祝家庄》，花一两个月刻了20多个人。"那时他已经学艺快两年了。

传统的皮影刻制有许多公式与模板，通过画谱一代代流传下来。"小生有小生的模板，小旦有小旦的模板，你需要啥人物，我给你套啥人物。过去不管啥剧，脸谱都是固定的，比如武松的形象，眉毛是皱的，戴着皂角帽。"皮影又分为头茬（头）、桩桩（身子）、杂件（桌椅板凳）、布景几大类，刻好后分门别类放在箱子里，演出时再根据需要临时组装。

皮影制作的第一道工序是选皮，以3～5年的黑毛牛皮色度最好。

接下来是泡皮和绷皮，绷皮很讲求技术，一张长十五六尺（即：5 米多）的皮子被四根橡绑成四方，在阴干的过程中要放三次绳，以防止牛皮在收缩中由于过紧而崩断了其中的纤维。下料与选皮则要充分考虑皮影的演出效果，皮影各部分用的牛皮厚薄不同，需要找到其平衡点。经过推皮和过稿，接下来才是雕刻与染色。汪天稳闭着眼都清楚这些环节，"总共 24 道工序，缺一不可"。

1963 年，皮影戏无法演出，李占文和剧团的人被派到农村宣传社会主义教育，1967 年后被遣送回家劳动改造。而汪天稳则在几个县的文化馆辗转几次，雕刻诸如《白毛女》《三世仇》《奇袭白虎团》等新戏。1968 年，汪天稳去部队当了 6 年兵，暂时离开了皮影制作，直到 1977 年他被调到西安市工艺美术研究所，才又重操旧业，一直干到现在。

2006 年，汪天稳荣获"中国工艺美术大师"称号，两年后，又被评为国家"非遗"保护项目传承人。干了这么多年，究竟对皮影制作这门传统手艺有多少创新？汪天稳更多谈起的是修正与借鉴。首先是把过去一些不太合理的设计变得更加合理，而方便快捷的交流，也让他有机会看到其他地方更多的皮影画样，进而吸收借鉴到自己的创作中。

由于地域不同，皮影戏演出的剧种纷繁复杂，汪天稳仅以陕西皮影举例，"用皮影表演的，就有碗碗腔、老腔、眉户、同州梆子、道情、弦板腔、秦腔等"。全国又有多少种戏、多少个品种？"皮影这个艺术，说句实在话，你说我现在会了没有？有些东西真的不知道，干到老学到老，这太深了。"汪天稳说。

制作精良的皮影头茬：净 藩王

机器皮影的冲击

1980 年，从陕西师范毕业后，江国庆被分配到了汪天稳所在的西安市工艺美术研究所民间工艺室，一边跟着汪天稳学习皮影雕刻，一边帮助师父设计皮影。

皮影雕刻的规矩很多，这让学工笔重彩出身的江国庆一度很不适应。1981 年，故宫博物院接到日本某国立博物馆的一个请求，希望找人帮他们做一套《大闹天宫》的皮影，任务辗转落到汪天稳师徒身上。那时民间仅有一些传统的猴戏可供参考，为了完成任务，江国庆和师父到民间四处采风，搜集大量皮影作为设计素材。为了设计太上老君的炼丹炉，江国庆还观摩了敦煌壁画上面的神火。

跑了一大圈，江国庆在桌子上趴了 7 个月搞设计，师父带着十几个人，把《大闹天宫》一套 78 件皮影雕刻出来。做完后，日方非常满意，他们也为所里创下 40 万元的外汇收入。

没过多久，研究所搞体制改革，研究经费全部减半，各研究室不得不面向社会创收。江国庆带着研究所的几个员工，把他们做的十几件皮影，放到西安华侨商店试卖。没想到产品大受欢迎，一个皮影三五十元不等，被一个法国团一扫而空。当时师父一个月的工资才 53 元，试卖成功让江国庆很受鼓舞，他联系西安各个旅游店，大搞联营销售，最多时建立了 18 个联营点。

江国庆回忆起当时的情景："那时候社会上刚有了'万元户'的说法，我们一晚上就可以创出好几个万元户。"尽管收入归所里拥有，但他们一个月也能拿到几千元的提成。皮影很快不够卖了，汪天稳的徒弟和亲戚都开始学刻皮影，全村所有劳动力全部上手，还是不够，旅游市场的火爆使得皮影制作很快辐射到全县乃至邻县，仅华县当时就有上千人从事皮影雕刻，皮影也成了当地的支柱产业。时至今日，人们也往往直接把陕西皮影称为华县皮影，正缘于此。

当初为单位收藏皮影，更多是为了充实设计理念，当手里有了更多的钱，江国庆开始自己收藏。那时农村许多人家都藏有祖传的皮影，由于后人不喜欢，或者娶媳妇盖房子急着用钱，搜集起来相对容易。只要打听到哪里有皮影出卖，江国庆便坐上长途车到县城借上辆自行车就出发了。

有一次，他得知乾县一户吴姓人家，藏有一套灰皮影，欣喜若狂。据说这户人家祖上为逃难而来，在慈溪演过皮影戏，这种皮影采用石灰泡制，制作工艺已经失传，皮影拿在手里有丝绸的感觉，润滑劲道。结果他去了两次，人家连看也不让看，后来托村主任说情，江国庆总算一饱眼福，但提到转让，对方则死活不同意。后来，老人去世，皮影被分给三个儿子，随后流散民间，让江国庆安慰的是，他最终几经辗转，从别人手里买到了几幅。

经过多年积累，江国庆搜集了整整20多箱上万件皮影，计划建立一座皮影博物馆。陕西省政府为此批了十几亩地，但多年过去终未落实，江国庆至今仍是一个有东西没地方的空头馆长。

在江国庆看来，收藏皮影的过程，也是皮影演出与制作不断分离的过程，皮影正在成为一种悬挂的艺术品。继旅游市场之后，江国庆开始将目光投向展览与拍卖领域。

2002 年，江国庆认识的上海市一位区文化局局长，询问他敢不敢用皮影刻一幅《清明上河图》。回来后，江国庆试了试，觉得可行。很快 2003 年"非典"暴发，旅游停顿，制作人员正好也没活干了。于是，他从上千人中精心挑选了 18 人，从朋友那借了一个大院，开始封闭作业。

投入巨大，光原料就拉了几卡车，由于前期经验不足，牛皮收缩性状不同，在拼接原作中水纹时老出问题，他们废了很多牛皮，"十块只能做出一块"。后来全部采用了牛屁股上的皮，结果完成全套 154 块 60 厘米 ×40 厘米的皮影，用掉了 470 多头牛身上的皮。挑战很多，由于从未做过如此大的皮影，江国庆和汪天稳新做了很多刀具，还开发了七八十种新的刀法。经过近 11 个月的努力，这幅投资达上百万元，高 1.2 米、长 23.58 米的巨作终于完成。

2004 年 4 月，当这幅作品在上海美术馆展出后，马上有三家拍卖公司希望签约，给出的评估价是 800 万元。由于已经答应赴台湾历史博物馆展出，江国庆最终没有将其拍卖，打算将它作为未来博物馆的镇馆之宝。

此外，江国庆还与师父合作创作了《文成公主进藏》、高达 1.8 米的《门神》等大型作品。2007 年，江国庆联合几位艺术家，创作了中国首部皮影动画片连续剧《小藏羚的荣耀》，获得"五个一工程"奖。

大约八九年前，采用激光雕刻技艺的机器皮影兴起，原来一个人几天时间才能做出一件皮影，现在一个人管两台机器，一天就可以做150 件皮影，价格也一下由几百上千元下降到几十元。机器皮影给传统皮影生产带来毁灭性的打击，很快占据了 90% 的市场份额。

为了解情况，江国庆专门买了一台机器，花了几个月时间研究，发现即使以他的技艺，用机器做出的皮影与传统手工皮影仍有天壤之别。在工作室，汪天稳特意取出机器皮影的牛皮，稍作撕扯，便碎成几块。

更重要的是，在江国庆看来，"机器皮影成千上万一模一样，做出的东西没有魂，不像手工皮影每件都不一样，凝结着匠人的灵气和才华"。

昙花一现的演出改革

当汪天稳在20世纪60年代跟着师父，学习湖南皮影灵活的活动关节，试图改进皮影演出效果时，李世杰在西安德庆皮影社的演出改革，已经进行了好几年。

李世杰出身于皮影演出世家，7岁学戏，在12岁时已小有名气，人送艺名"十二红"。1953年，在渭南的物资交流大会上，李世杰和父亲两个人轮流唱，一连唱了一个多月。此前，德庆皮影社的副社长卢成福已给他打了招呼，让他演完后就过来帮忙。两年前，德庆皮影社成立，能唱能跑的卢成福拉起摊子，并把师父谢德龙请来当社长。

1954年，20岁的李世杰来到德庆皮影社，很快成为社里的实力主唱。德庆社每个周末演出两场皮影戏，观者如云，当时陕西的戏剧氛围很浓厚，光有名的秦腔剧团就有十来个。除了常规演出，德庆社有时也有临时演出。

李世杰现在还记得，当有临时演出时，单位很快便派车过来，连人带箱子，把他们拉到饭店。吃过饭，再闲聊一会儿，台子一搭，幕

制作陕西东路皮影的刻刀与染色颜料

布一撑，皮影戏便开演了。戏有长有短，有两个多小时，也有四个多小时的，生旦净末丑，一个人把五个关口，一气唱到底。

皮影的演出改革首先从灯开始，从最初的煤油灯到菜油灯，再到日光灯，映在亮子（幕布）上的皮影更加清晰。1959年，德庆皮影社到北京参加小戏会演。会演结束后，他们从别的剧社拿来本子，加以修改，创作了《张郎与金鱼》《猪八戒学本领》《深夜凯歌》等新戏。

在这些新戏中，他们对演出效果做了许多有趣的尝试。把帆布放在纺线车上面，搅动纺车，带动帆布，造成刮风的效果。用细竹篾配合灯光效果，做出下雨的特效。后来到西安的汪天稳，还记得在《猪八戒学本领》中，通过水平移动事先画好的幕布，造成猪八戒巡山时不断前行的画面。此外，通过烟雾制造筋斗云的效果，用灯泡、红玻璃纸、硬纸片画好的火焰形状，营造孙猴盗扇中的火焰山。"扇子一扇，火烧了半个亮子，美得很。"李世杰对当年的创新津津乐道。

1956年，由市文化局出面借调，李世杰到陕西省戏曲研究院代课，教授学生唱碗碗腔和乐器弹奏。院长有意把他留下，德庆社社长谢德龙一下急了，多番找到文化局的人，把李世杰要了回去。

德庆社的演出与革新，并没有持续几年。1964年，由于奉命下乡宣传，德庆社改名"农村宣传队"，后来又加入易俗社等秦腔剧团的人和一批刚毕业的学生，易名"西安市文艺工作队"，简称"文工队"。1966年5月，"文革"开始，文工队没法再演戏了，90%的皮影也被毁坏殆尽。

1970年，西安市取消评剧、粤剧、先锋文工团、文工队四个剧团，几百人被下放到饭馆、糖果厂、门市部等单位。李世杰被下放到糖果厂，从搬运工到食堂管理员，一直干到仓库总管，最多的时候手下管着 7 个仓库管理员和 30 名搬运工。

在糖果厂待了十几年，李世杰又回到陕西省戏曲研究院，一直干到退休。然而，陕西的皮影剧团再也没有恢复起来。在 20 世纪 90 年代，有人曾找到李世杰，希望他出来演皮影，可后来他发现对方和自己的想法截然相反，李世杰想"把摊子撑起，给后人留点东西，带两班娃"，对方却只想利用他一味赚钱。

双方很快不欢而散，年岁日大的李世杰从此很少公开演出，除了教孙女弹弹月琴，只在高兴的时候才偶尔吼上几嗓子。

"唉，走咧——"

许多人对陕西皮影的最初印象，往往来自张艺谋的两部电影——《秋菊打官司》和《活着》，而它们都与李世杰有关。

"唉，走咧——"《秋菊打官司》里那段抑扬悠长的片头，正是李世杰录制的。一天，陕西省戏曲研究院副院长赵季平找到李世杰，让他到办公室唱几段戏，说明天要录音。不明所以的李世杰接连唱了几段，赵季平似乎不大满意，问他还能唱啥，李世杰只好说："没啥唱了，我给咱耍个怪，唱个丑角戏。"赵季平听后，一拍桌子："我要的就是这个味。"于是就有了后来的片头。电影出来后，有人拉着李世杰去看，看到片末最后打出的字幕，他才知道是自己唱的片头。

1993 年，张艺谋在拍摄《活着》，曾打算叫李世杰给葛优指导演唱技巧。当时李世杰忙着给学生上课，剧组于是让另一位碗碗腔著名艺人潘京乐去教。在江国庆眼里，陕西皮影不过"一李一潘"。所不同者，李世杰是演戏世家，科班出身，潘京乐则是民间"土八路"，吐词虽然不清，但表情入味。虽然没去教戏，李世杰却写了张条子，给剧组推荐了一个皮影箱子。

在李世杰家中的墙上，贴着一张《碗碗腔之王》的纪录片海报，海报上面，李世杰手握月琴纵情弹唱，背后是滚滚黄河和数量众多的伴唱演员。这部拍摄于十几年前的纪录片，只拍了一半，由于遭人嫉妒，最终在不断上告中被压了下来。

"当时在黄河边拍了两次，我脚下就是哗哗的水流，怕我晕倒，导演让人找根绳子，在我腰上拴着，绳子头缠在一块石头后面，由两个人拉着。"在绳子的保护下，年近七十的李世杰唱了起来，"行一步我来到黄河东岸，又只见狂风起波浪连天。"

肚子里的戏太多，李世杰往往能即景演唱，丝丝入扣。直到现在，他仍能记住 150 本皮影戏的台词。让他痛苦的是，现在唱皮影的人越来越少，而且渐渐没人会唱。"他们发声位置不对。铜器（锣鼓）是戏的骨头，音乐是戏里的肉，演员才是调味。谁唱戏有味没味，就看后面那一点声，能不能钻到弦里头。"

在传统手艺如烛闪烁的地平线上，从设计、雕刻到演唱，江国庆、汪天稳和李世杰成为关中皮影最后的"三剑客"。

富阳纸的传承难题

富阳纸是一个含糊的概念，富阳几乎生产所有类型的中国纸。宋代的"元书纸"因供皇帝祭祖成名，到如今富阳是造纸基地，手工造纸在这个已经工业化的浙江小城并没有凋零。

元书纸的第十九代传人蔡月华

光绪年间的《富阳县志》记载，浙江各郡邑出纸以富阳为最良，而富阳名纸以大源元书为上上佳品。元书纸是我国传统的书画用纸。宋代，它是朝廷"锦夹奏章"和科举考试用纸，甚至到了20世纪60年代，富阳的元书纸还要供国务院使用。

离开富春江围绕的小城，车子只往山里开去，溪两岸全长三四十里的山坞长满了竹子。雨已经下了十多天，眼前一切都烟雨蒙蒙，像宣纸上的水墨画。蔡家坞就是山上的村子，蔡月华驼着背在一个半开放的纸槽前一张张地淘。后面有一个黑洞洞的用来放料的棚子。黄色的水上下翻滚，散发出一股酸腐的味道。"这不是元书纸，这是迷信纸。"迷信纸是祭奠用的烧纸。泡料的大水池也黑黄相间，"什么料都可以用，废旧的地板，烂抹布，泡烂了就行"。

"这叫抄纸，要是搁旧社会，抄纸工可是工钱最高的。"蔡月华是蔡家坞现在唯一还在做元书纸的手艺人。蔡月华的工具看上去几乎是《天工开物》里的翻版，一个细竹帘子在水池子里面一张一张地捞，还有把原料磨细的大石磨。

"早上4点起床，4点半开始干活，干到中午，能出这么多。"他手一比，大约20厘米厚的一摞湿纸，一共三摞。他让大家腾出地方，开始踩一个杠杆，手压下来，一踩，那三摞纸上压着的千斤顶就往下一沉，一小股清水从我们脚下的沟槽里流了出去。他一边踩一边介绍："下面的三个池子，看见没有？两个是我的，用来泡料。我的料和其他人不一样，我泡的是嫩毛竹，要做元书纸的，他们泡的是布头、旧地板。"

"每年收麦子的时候我们最忙，要在'小满'之前，砍下3万至5万斤嫩毛竹。"毛竹的嫩度是决定纸张好坏最关键的因素，"'小满'前的三四天，一定要那时候的毛竹，刚刚蹿起个头，第一节上刚冒出第一枝'蜻蜓叶'。"太早的毛竹含水量太高，晚了纤维又太老，所以从前全富阳都造元书纸的时候，那时节是"爹娘死了石灰埋"，要忙到连孝义也不顾的。蔡月华自己加上雇工，走到三四里地的深山里去砍竹子，"1万斤毛竹只能出200个料"。所谓料，就是长30厘米、宽20厘米、高20厘米的竹篾扎成的捆，至于多少料能出多少纸，蔡月华又不说了，"你不是要做纸吧？"

"浸坯"是让料在池子里泡烂，然后是更多"烂到熟"的秘诀，除了石灰，民间说法是用"纯净的人尿"，蔡月华说他现在还用人尿，"到底怎么用？不告诉你"。浸5至20天后，这批料要被煮、晒、拌入石灰、翻来覆去，直到熟透了，就成了原料浆。这个过程，因为产生污染，而且极费时费力，现在大部分手工造纸作坊都直接买原料浆了。但蔡月华3年前认识的老板告诉他，"要的就是原生态，什么化学原料也

庄富泉厂里的老师傅庄关福从事造纸行业已近 50 年

不能加，不然仪器一测试就验出来了"。至于浙江老板要卖给谁，蔡月华不愿意说。

蔡月华之前也和所有的蔡家坞村民一样，做迷信纸，"元书纸'文革'时还有生产队做，不过改革开放后就没人做了。这个活计太累人了"。浙江老板 3 年前要从竹子开始做元书纸，"找了好几个人，最后找到我"。蔡月华和妻子都是造元书纸的高手，"我是第 19 代了，我们蔡家坞，有钱的人就是纸作坊老板，没钱的人就给人家做纸，只不过手艺有高低"。

看起来已经很小的红褐色颗粒，开始往细里研磨。蔡月华可以给人看，或者说大概能看懂的，是后面巨大的石磨，一人高的石磨由电轮机带动，快速运转，发出嗡嗡的噪声，这个过程以前用水车，现在蔡月华雇人专门看石磨。磨到细得不能再细，加到水里，"翻翻看，像不像小米粥？"现代化的工具是，纸槽里的一个泵，可以不断翻滚，使纸浆变得均匀。除了泵和电轮机，蔡月华没有借助任何外力，唯一帮他的就是妻子巴苗娣。

蔡月华在寒冷的室外抄纸，妻子在温暖的晒纸坊里，把一张张纸贴到热钢板上。用一个毛刷子刷几下，纸上的褶皱和气泡就完全平了。巴苗娣这天的工作进度比丈夫还要快，她用指甲一剥，整张纸都下来了，快得让人看不到指甲的动作。"（看）有没有加化工原料，特别简单。"她简直是个魔术师，拿出一张废掉的元书纸，撕下一片，点燃，纸瞬间烧完，只留下一条淡白色的痕迹。她说："你随便烧任何纸，只要加了东西，都会烧出黑色的灰。"

这样忙碌的成果，一张纸被老板收走，夫妻俩可以得到0.55元，"老板只管收纸"。一天的出纸量在1200张左右，夫妻俩在村里过得并不算富裕，"儿子女儿都结婚了，我们的负担小多了"。蔡家坞进山的路上有很多三层的新式小楼，"那些人都在外地造卷帘门发了财，真正赚钱的怎么可能是做纸的人呢？"不过夫妻俩对于元书纸很有信心，"我们国家现在都是进口木浆，木浆那么贵，为什么不好好利用竹浆呢？再说，俄罗斯的人均GDP已经很高了，人家为什么还要破坏自己的环境？俄罗斯已经说他们明年就不会再卖木浆给中国"。

"纸人"庄富泉

纸的优劣很大程度取决于纸浆。富春江宣纸有限公司的董事长庄富泉有些内向，不太善于表达，只有谈到纸浆的时候，话才多起来。讲到高兴处，他会突然出门，拿来一块薄薄的纸板："这是日本最早的纸，也是竹浆做的，如果我复制出来，日本人有多少要多少。"庄富泉的妻子称他为"纸的发明家"："任何一种纸，他一看就知道是什么做的。"

大源镇生产的手工纸主要有两种类型：元书纸和宣纸。元书纸的颜色要比宣纸黄，不易被虫蛀。庄富泉说，宣纸千年不蛀是假话，因为里面含有米浆，而元书纸保存的时间要长一些。庄富泉拿出庄家村1962年生产的元书乌金纸，不蛀，并且有史书记载的"手叩有音"。同样是竹浆制成的元书纸还有奥秘：甜毛竹的竹浆会蛀，苦毛竹不会。初中毕业后，庄富泉到生产队学做纸，那时生产队主要生产元书纸。直到20世纪70年代末一个偶然的机会，浙江美院的徐老师来到大源镇的庄家村，他告诉村民，做元书纸不赚钱，可以去做宣纸。当时，书画业正在复苏，市场上宣纸紧俏。庄家村的几个村民到安徽考察回来后，信心大增："安徽抄纸要两个人，我们一个人就能做。"

安徽宣纸以檀皮为主要原料，这种材料富阳没有，大家便就地取材，用毛竹漂白造纸。"我把造出的宣纸送给书画家检验，他们用着合格了才算数。"经浙江美院的鉴定，富阳陆续开始生产竹浆宣纸。"毛竹采不好，要影响两年的生产。"庄富泉解释说，毛竹分为大年和小年，如果大年没有采集好原料，小年是没有原料可采的。

1987年，出于环保的考虑，竹浆生产不再被允许，已经承包了庄家宣纸厂的庄富泉不得不为自己寻找出路。"我抽烟的时候，发现烟纸写字渗墨效果很好。"庄富泉于是到浙江最大的卷烟纸生产厂买了两件卷烟纸回来试验，发现里面含有麻和龙须草的成分。"龙须草浆可以在四川、湖南、湖北等省买到，卖纸浆的人都不知道我们是用来做宣纸的。"

庄富泉生产的宣纸大部分销往海外。中国还没和韩国建交的时候，庄富泉的宣纸就取道香港地区卖到了那里。他说："我们基本不做国内的生意，只有一些书画家少量订购，国外的订单很稳定。"

庄富泉的妻子一边开着奥迪，一边说到了挖冬笋的时候了，"原来穷的时候，一年都靠山里的竹子吃饭"。1981年，庄家村实行分槽到户，形成了独立运作的家庭作坊。庄富泉从中找到了商机，各家各户都在造纸，但没有销路，庄富泉就把各户的纸收集起来，统一销售到美院或各地的文房四宝店。庄富泉负责在外销售，妻子则在家乡收纸发货。

早在20世纪70年代末，庄富泉就知道了日本、韩国和东南亚地区有宣纸的需求，他通过有关部门向国外送纸样，"连着送了好几年，终于等来了订单"。庄富泉的妻子说："从那以后，我们的日子就好过了，电冰箱什么的都有了，可以说是我们村的第一家。"之后的许多年，庄家的生意一直很好，庄富泉任厂长的富春江宣纸厂也成功转制为民营企业。但是，近几年市场的变化和环保压力令庄富泉面临新选择。他妻子指着沿路的白板纸工厂说，原来宣纸的利润是最好的，现在是最不好的。

抄纸工人的来源也是问题。抄纸不但需要力气,还需要技术和感觉,抄纸要薄厚均匀,过厚原料浪费,过薄影响纸的质量。庄富泉说,100张纸的重量大约是5斤,行家不用称,手一摸就知道几斤几两。学抄纸是十分辛苦的工作。庄富泉厂里的老师傅说,自己十几岁就跟爷爷学做纸,整个流程都跟过,最难的就是抄纸。

"我们现在都从外地比较贫穷的地方招人。"当地的年轻人不再愿意学习传统的技艺。他们去读书了,"我们把人招来后,请老师傅教,然后用高工资留住他们"。庄富泉给抄纸工的工资,高于在别处打工的工资,也高于整个手工纸流程中的其他工种。

奢侈线装书制造者蒋山

华宝斋的古籍书完全走顶级纸品的路线,绝大多数订单只印500册,甚至最少只印20本。

富阳纸近些年的出名,很大程度上是因为华宝斋。"若论中国最好的纸,那还是安徽宣纸,绝大部分顶级宣纸都出口日本了。富阳纸由竹浆制造,原料采自满山竹林,成本低,纸质适于印刷。宣纸是书画专用纸张,纤维太长,泼墨的效果好,印刷却会渗漏。"因此,雕版印刷的手工线装书,只能由富阳纸制造。华宝斋的总工程师朱天锡说,他正在负责《中华再造善本》二期工程的制作,这个财政部投资2亿元的项目,最终成品是,200套线装书,不标价格,分送给各省级图书馆、大学,其余由文化部决定去向。"光华宝斋的制作成本就达到了1400

万元，还不包括参与编撰的大师们的人力劳动，你说这样的书，我们能不用纯手工的纸和最精美的雕版印刷吗？"

蒋山刚从上海回到富阳，年底是他最忙的时候，"礼品旺季，我们需要多走动"。蒋山只有 34 岁，他父亲蒋放年 20 世纪 80 年代自己建起了富阳纸作坊，后来因为承担起中华书局、上海古籍出版社等多家出版社的用纸任务，逐渐扩大了生产规模。"父亲留给我最宝贵的不是那些车间、资金和设备，父亲靠自己积攒下来的人脉，才是我继续的本钱。"华宝斋的古籍书完全走顶级纸品的路线，"除了重点文化项目，我们只接一些特殊订单，比如国礼"。除此之外，华宝斋有多套线装的古籍善本和国家领导人的文集。

华宝斋在富春江边，论地理位置离杭州还有一段距离，但是来客众多。华宝斋是国内最大的生产古籍线装书的厂家，但若看到他们的造纸厂和印刷车间，会觉得不过是中小企业规模。"古籍的纸张和制作，市场非常小而高端。"华宝斋的每一张纸，都用富阳纸最原始的工艺制作，华宝斋一共有 30 个纸槽。在纸槽边不断捞的就是"抄纸工"。这个工序是富阳纸的关键。

一个师傅的录音机里放着越剧《珍珠塔》，里面家长里短的对白让师傅听得合不拢嘴。所有抄纸工的背都是驼的，池子里都是白色的冷水，在气温 0 摄氏度左右的车间里，唯一取暖设备是一个电饭煲里不断烧开的热水，手冷得动不了就泡在热水里，然后再继续捞。一捞一张，一张工资 0.075 元。华宝斋自己造的纸只供自己印书。因为造纸浆的污染太大，华宝斋大部分纸浆只能从河南的一个专门纸浆厂购买。

"回来以后再自己勾兑，加入各种配料。"蒋山说，"我去年从山上买了3万斤毛竹，但是做浆确实是个问题。富阳虽然是全国的白板纸基地，但对于污染的控制还是不错的，第一就是不让造纸浆，而且政府花钱建污水处理厂。"但是对于正在申请非物质文化遗产的富阳手工纸制作工艺，"我们还是需要一批自己做的东西"。蒋山说他希望所有环节都恢复成古代的工艺，但是目前很难达到。"政府就算为你一个厂家建个污水处理厂，可是处理费用高昂，我们还是吃不消。我们这种企业，单纯追求利润是肯定比不上其他那些企业的，做文化产品，利润是有，但不可能一夜暴富，从产值上看，我们可能还不如一个浙江的乡镇小厂。"

"古籍线装书的市场就这么大，有多少人愿意花 3000 多块钱，买一套线装竖排繁体字、在圣彼得堡出版的《红楼梦》呢？我们接过绝大多数的订单只印 500 本，甚至 20 本。好的孤本善本，我们费尽力气才能得到翻印权，翻印完了也不会带来太大的利润。"但蒋山对父亲蒋放年仍然极推崇，他说："从经济学的角度，他等于拉长了企业的产品链条，增加了富阳纸的附加值。"

邰立平与凤翔木版年画的兴衰

邰立平所以能坚持下来，是他隐隐感觉到，传统年画正在进入上层消费时代。

年画世家

地处关中平原西部的陕西凤翔县，据考证，做年画的历史"始于唐宋，兴于明清"。位于县城东边的南小里村是凤翔年画的中心，根据流传下来的祖案记载，世代耕居于此的邰氏家族早在明初洪武年间，就已从事木版年画的生产。这门手艺传到邰立平这里，已经是第 20 代。

邰立平至今还记得，在 20 世纪 80 年代初，每到腊月，家里总是挤满来自青海、宁夏、甘肃等地批发年画的小商贩。9 岁的时候，邰立平跟着爷爷邰世勤学画样，给印好的年画撒金粉。在他印象里，爷爷是个很有能力的人，年画、皮影、砖雕、石雕、画社火脸，无所不精，是西府岐（山）宝（鸡）凤（翔）三县有名的"全把式"。那时，邰世勤光皮影就画了 1000 多件，足够 3 个戏班同时演戏。过去村子之间盛行"斗社火"，邰世勤给哪家画社火脸，哪家准赢。

民国初年，邰世勤继承世兴老局的祖业，同时创立世兴画局和西凤世兴画局。"最盛时期大概在 40 年代，我爷爷把当时年画品种做到上千种。"尽管在新中国成立前，由于担心被定为地主成分，爷爷烧了不少画样和书籍，然而邰立平至今记得，"破四旧"时，家里被抄走的画版、皮影以及线装图书、名人字画，足有两卡车之多。

邰世勤在1970年离开人世。与爷爷相比，同样遭受政治冲击的父亲邰怡，却艰难地将年画制作坚持了下来。

1957年被划为"右派"后，原来在凤翔县建设科担任主管科员的邰怡，在1958年被下放农村，开始重操年画旧业。早在1953、1954年，为了适应新的要求，凤翔进行过"年画改革"，年画的主人公变为解放军、民兵，还有站在麦仓旁边扎着白羊肚毛巾的青年农民。那时，连"门神"也被改称为"门芯子"。在邰立平看来，"传统文化根深蒂固，老百姓接受不了这些生硬的新年画，觉得它们色彩单一，章数性不强（指年画色彩对比反差不强烈）"。如何将年画做得既能适应新的要求，又能被老百姓接受？邰怡设计了很多新样子，牡丹花、兰花等各种花卉配上一些流行口号，诸如"捷报频传""迎来春风"等，反响不错，也让他成为"文革"期间整个凤翔唯一敢做年画的人。

1977年，一个叫王宁宇的人来邰立平家采风。王宁宇是陕西省轻工业局下属工艺美术公司的一名干部，酷爱陕西民间艺术，聊天中，他发现邰立平的父亲不但有美术功底，而且对凤翔年画的历史非常了解。临走前，王宁宇告诉他可以早点搜集传统年画的资料，以图恢复。

家藏的画版，包括一些明清时代的老版已被查抄殆尽，邰怡从亲戚家拿回30多张传统年画稿子，还从家里楼板上偶然发现唯一一块幸存的明代老版："雄鹰镇宅"（背刻"锦上添花"）。1978年，邰怡和村里的老艺人一起创立了一个村办企业形式的研究会——"中国

凤翔年画之骑马秦琼

陕西凤翔南小里工艺美术研究会"。邰立平八九岁就跟着父亲画箱柜、棺材上的画，已具备一定绘画功底，初中毕业后便辍学回家，担任研究会的艺术总监，负责设计与指导其他人刻版。这个存在仅 3 年的村办企业，全盛时期曾经有 30 多人干活，每年能为村里创造 7 万元的纯利润。

改革开放之后，许多人家重拾年画，上百家家庭作坊很快以更低的成本和价格，取代了村办企业。凤翔年画成为新中国成立前 37 家年画产地中后来恢复得最早的一家，迎来它最后的 10 年辉煌。在王宁宇、张仃、王树村等一批老专家的挖掘下，向来封闭、少有人知的凤翔年画开始进入更多人的视野。

1983、1984 年，邰立平跟着父亲，先后参加了在中央工艺美院、中央美院举办的两次凤翔年画展览会。在 1983 年的展览会后，中央工艺美院院长张仃还召开了一场由 37 名专家参加的研讨会。"每个人发言 5 分钟，给我父亲 15 分钟时间。在这 15 分钟里，我父亲把凤翔年画的概况、恢复、现状做了介绍，当时引起了很大的轰动。"谈起这次研讨会，邰立平现在仍很激动。

然而父亲在 1984 年北京参展回来半年后，便因病去世，把恢复年画的重任留给了时年 32 岁的邰立平。

恢复与创新

与爷爷和父亲相比，祖辈的技法虽然都继承下来了，但缺少那种时代的氛围，邰立平仍感觉在有些方面再也不能达到他们的高度，比如爷爷的设计、父亲的染色。

木版年画的画板以梨木为主，新砍的梨木需要阴干三年方可使用。从大的方面看，制作工艺主要分为画样、刻版、印刷、填色几块。画样与工笔画类似，就是设计年画的题材与内容。在宝鸡市大庆路41号的工作室，邰立平指着墙上挂的年画，一一介绍凤翔年画的代表作——八大门神、六神、风俗画，还有一系列来自戏剧的戏出画。画样考验的主要是绘画功底，除了从小跟着父辈学习，在村办企业那三年时间，邰立平在设计室里整整花了三年，"等于上了一次美院"。

用墨线定好画样后，将其用糨糊反贴在修得平平整整的梨木板上，等糨糊干后，再用湿毛巾将背面浸湿，用手一点点抠掉纸屑，画样便显现在木板上。再经过鏨版、浸版、刻版、修版、洗版等环节，一块雕刻精细的年画墨线版便宣告完成。

这样一块版如果用来印刷黑白线条的年画已经够用，但要把凤翔年画中经常用到的水红、黄、大红、绿和金黄等四五种颜色印到画上，则必须根据墨线版印出的画，完成"号色"环节，一种颜色印一块版，名曰套色版。因此一幅颜色鲜艳的年画，往往需要五六块版，在印刷的时候也需要印五六遍。

在明代之前，年画的颜色均采用手工填色，元末明初之后，由于需求量增加，发展出套色印刷技术。直到今日，全国有名的13家年画产地，也据此分为手绘填色和套色印刷两大流派，比如天津杨柳青、四川绵竹、湖南滩头、广东佛山采用手绘填色，山东潍坊、河北武强、陕西凤翔、山西临汾、河南朱仙镇则采用套色印刷。

套色印刷之外，邰立平偶尔也会手绘填色。当我们来到他的工作室时，他正在为一对大门神填色。

恢复传统年画并不容易，在老画版丢失的情况下，只有沿着父亲当年走过的路，设法搜寻散落各地的画样。1978年，陕西省群众艺术馆的王有政告诉邰立平，他们馆藏有将近100幅他爷爷在1954年手绘填色的年画。邰立平激动不已，连续几天，他用铅笔把样子描下来，再回家用毛笔描出来，《西游记》的版就这样恢复了出来。神奇的是，当他将这些画印出来，手绘填色完毕后，拿去和群艺馆里存的填色版对比，发现二者竟然几乎一模一样。在不同的时空里，两代人对年画色彩的把握竟实现了同步。

还有一次，邰立平在参加完民俗艺术节的展览后，去参观当地一位收藏家的年画藏品，意外发现一幅太祖父之前顺兴局的画样，一幅三开的墨线《龙凤钱马》。他兴奋得发疯，执意想买，对方考虑了一夜，最后拱手送他。

经过多年苦心搜集，邰立平终于完成了父亲的心愿，在1992、1997年出版了两卷《凤翔年画选》，两卷四本年画选包括了邰立平能够找到的所有300多幅传统年画。

年画恢复的工作量很大，还因为当年王宁宇曾专门嘱咐邰立平父子，在复制传统年画的过程中，必须自己重新做一遍，画一遍。做的过程中，邰立平发现原来的一些画比较粗糙，有些嘴巴太大，有些造型不够美，而一些戏出画的布局也不尽合理，他为此重新设计，重新设色。

除了恢复，邰立平还揣摩传统年画的特点，自己创作了20多种年画。

在残缺的《西游记》系列年画中，他补充了《三藏收徒》《龙宫借宝》《白骨洞》，又为《白蛇传》系列添上《奉旨拜塔》《盗仙草》等，凑够一套10幅作品。此外，邰立平还创作了《男女都一样》《娃娃少而康》等作品，不过这些新年画远没有传统年画受欢迎。可在他看来，年画创作本来就是一个大浪淘沙的过程，"作品能留下十分之一就不错了"。

邰立平越来越觉得自己的精力不够用。长年刻版让他患上严重的颈椎病，年轻时一天只睡几个小时，一刻就是一晚上，现在工作几个小时便难以继续。2008年汶川地震的时候，他在渭河边的地震棚里还刻了8个墨线版。从2004年到2015年的11年里，他和两个徒弟总共刻了100多幅小年画的墨线版。这些年画并不卖钱，他只是单纯地想为后人多保存一些资料。然而，为此再刻四五百块套色版，则至少还要10年的时间。

"我的责任是抢救和恢复。先把前人的成果复制出来，至于创新，只有等后来人。"邰立平说。

对于一些地方大张旗鼓地搞年画衍生品开发，邰立平似乎也不以为然，在他看来，创新必须先做好，先做少，再做量。"连你的年画都没人要，年画再做衍生品能卖得快吗？"

事实上，如果不是1987年的一次转型，邰立平自己恐怕也难以坚持，那样的话，凤翔年画也早已不复存在。

从市集到博物馆

1978年到1988年的10年间，大概是传统凤翔年画的最后一抹辉

木版年画的画版及刻制工具

煌。那时候，全县尚有上百家年画生产商，单是南小里村就有六七十家，每到年关，来自西北各地的商贩还会前来批发年画。

但随着胶印年画在1986年推出，老百姓很快接受了这种更结实更方便的年画，两三年后，传统年画便一败涂地。到了1990年，整个凤翔便只有邰立平一家在做传统年画了。

邰立平所以能坚持下来，缘于很早就接触到了国内美术界、艺术界的一流专家，他隐隐感觉到，传统年画正在进入上层消费时代，城里文化人往往乐于过年时在家里张贴几张花费更高的传统年画，而对于制作精良的年画，各大博物馆与艺术馆及高校也乐于收藏。

就在村里多数人还在生产那种印刷普通、价格低廉的老年画时，邰立平在1987年开始尝试用宣纸印画，更精细地印刷。为艺术圈做了一段时间的资料年画，他又将传统颜料换为国画颜料，以满足收藏界的需要。

1994年，邰立平应澳大利亚华人博物馆邀请，赴墨尔本参加中国年画精品收藏展，那是他第一次出国，也是凤翔年画第一次走出国门。当地报纸刊登出他的大幅照片，配上"新年愉快"的文字说明。出国回来后，陕西省文化厅副厅长党荣华对他说，你应该去父亲的坟上祭拜告慰。

随后是1999年的"巴黎·中国文化周"活动。在联合国教科文组织总部大厦里，主办方为来自中国的9名民间艺人提供了3个10平方米左右的亭子，以做演示之用。邰立平找到团里的艺术总监，说亭子完全施展不开，能不能允许他在那里摆个地摊，因为"中国人过去卖年画都是摆在地上，买年画的人都很虔诚，他们是跪在年画摊前请门神，是在请，不是在买"。汇报上去后，领导同意了，这场展示获得空前成功，络绎不绝的人群排在邰立平面前，请他签名。

年画的生命力始终在地摊，但悲哀的是，他无奈地看到，就像传统的年味一样，在剧烈转型的中国，一切传统的东西都在消散。

2001年，邰立平从世代居住的凤翔县南小里村搬到宝鸡市。地气虽然变了，但凤翔年画夸张、粗犷、色彩对比强烈的艺术特点则始终不能改变。需要改变的是市场与功能定位，如果不做改变，年画的命运只有消亡。随着不断的交流、参展，凤翔年画的名气越来越大。2006年，凤翔木版年画入选国家首批非物质文化遗产，邰立平则成为其代表性传承人。同年，邰立平获得"中国工艺美术大师"荣誉称号。

邰立平先后应邀在澳、德、法等国及国内各大美院美术馆展出，其作品也陆续被中国国家博物馆和国内外200多家艺术学院与机构收藏。依赖收藏市场，邰立平一年能卖几百张年画，有几万到十几万元的收入，勉强可以维持。但要将这门手艺真正传承下去，则必须靠非物质文化遗产的项目保护了。据称，国家每年为此拨付专项资金30万元，累计已拨付了200万元。然而，这些钱却和邰立平没有任何关系，让他在培养下一代继承人上陷入困境。

2003年，邰立平在《宝鸡日报》上公开招徒，虽然全国报名的人很多，但由于没有办学条件，他只好将招生范围缩小到宝鸡市，但最终选定的6名徒弟，最后只剩下两名。由于靠制作年画并不足以维持生活，两位徒弟一个卖扯面，一个在工厂上班。"很可怜的，晚上回

邰立平正在为一幅大门神手工填色

来后 21 点开始，拿着刀子一直干到凌晨两三点，就跟我当年差不多。"

邰立平的大女儿在市里当公务员，闲暇时会过来帮父母干点活。小女儿从美院毕业后，从事年画相关的艺术研究。2013 年，邰立平的儿子辞掉工作，回来跟着父亲干了一年零七个月，最终因为收入太低，不得不继续从事其他工作。对他来说，只有在晚上加班加点，还可以做做年画。

"年画面向收藏领域的需求很大，面其实不窄，但是现在我做不过来了，就和逼命一样。"就如邰立平所说，传统年画并非缺乏市场需求，而是缺少真正熟知传统文化的手艺人。书籍文本之外，恰恰是那些古老的技艺支撑着我们的文化记忆。它们的更新延续，事实上也在检验着传统文化自身的生命力。

杨福喜：挽起传统弓艺

"做弓没有什么独特的地方。制作的弓箭，要适合你的身高、臂展和力量。我爷爷和父亲常告诉我一句话：不要做你驾驭不了的弓。"

聚元号弓箭铺

十多年前，杨福喜把自己的弓箭铺子从北京朝阳区团结湖水利局宿舍大院，搬到了 30 多公里外的通州区台湖镇北姚园村。

时间推移到 1958 年，杨福喜刚出生时，他家的弓箭铺聚元号尽管在公私合营的浪潮中刚被改为体育用品合作联社，地方仍在东四南大街原属于清室兵工厂的弓箭大院内。再往前，道光三年（1823）之前，聚元号还是紫禁城西华门内、隶属内务府造办处的弓箭铺。据学者研究，聚元号流传至今的一把制于道光三年的老弓，正是为了纪念宫廷取消弓作、为皇家服务的弓箭匠人离开紫禁城来到弓箭大院这一变动。

位置的不断变迁，既是聚元号弓箭铺历史的折射，似乎也表明弓箭这一在冷兵器时代最具杀伤力的武器，正在人们的视野中渐行渐远。

比起从前那些地方，北姚园村显得悠闲、静谧。穿过一片树林和庄稼地，当我们还在一排二层平房之间寻找停车位时，身材高大、须发花白的杨福喜已经推门而出。从这座二层平房的外面，完全看不出弓箭制作的任何痕迹，进得门来，看到厅堂中间挂着的牌匾，墙壁上的老照片，弓架上的一排排弓，两边房间和后面院子中堆积的各种制作弓箭的材料与工具，才发现这里竟藏着一家弓箭铺子。

"聚元号，到我这是第十代，我爷爷从一个姓王的师傅手里接过来，他是第八代。"虽然聚元号从他爷爷起才改姓杨，但杨福喜的家族做弓箭的历史要追溯到更远。爷爷杨瑞林早年跟随堂兄，也是弓箭大院中全顺斋的掌柜学习弓箭制作。20多岁时，杨瑞林的手艺已小有名气，正好赶上聚元号掌柜由于抽大烟无力经营铺子，于是在亲友的帮助下，以40块大洋的价格，将弓箭铺接了下来。

从晚清到民国，随着近代火器的不断发展，传统弓箭的衰落已成必然。学者谭旦冏在1942年的一份调查报告中悲观地写道："近年来，全中国制造弓箭的地方，仅有北平和成都，然而也只是奄奄一息地很难维持下去，有的有人才而无工作，有的有工作而无销路，全消灭或失传是在不久的将来。"当时北平的弓箭制造便集中在弓箭大院内，不过由于缺乏销路，弓箭铺子已从最初的17家减少到7家。

杨福喜告诉我，他爷爷杨瑞林为人比较活泛，弓箭之外，只要别人喜欢的都做，增加了弩弓、弹弓、袖箭、匣箭、箭枪等新品种。当时，袖箭一类的暗器并不允许公开买卖。"我爷爷怎么办呢？当年我们家有一个小坐柜，前脸像被箭戳得一个一个眼的。他每天早上开门第一件事，就是把那个小坐柜扔在门口。看似随意，实际是给一些别有用心的人看。因为坐柜前脸上的眼就是试袖箭试的，行家一看，就知道这家卖袖箭。买这些东西的都是道上的人，那会儿我们结交的人很多，五行八作，上到达官显贵，下到地痞流氓，都得应承着。"

弓箭之外，杨瑞林的成名绝技是制作弩弓。用杨福喜的话说，早年间北京凡玩鸽子的主，都得配备一把弩弓，装上泥丸，将鸽子打蒙，活捉之后用来繁殖小鸽子。也正因此，杨家与同仁堂乐家、京剧演员梅葆玖等大玩家都有很深的交情。此外，天桥举大刀拉硬弓的张宝忠，还有以拉硬弓出名的朱家哥仨朱国良、朱国全、朱国勋，以及韩金铎等艺人，也是传统弓箭的重要客户，不过他们各有各的卖主："张宝忠爷俩主要拿我们家的，朱家哥仨拿我三大爷家的，韩金铎拿我四大爷家的。"

由于多种经营、广交朋友，聚元号的买卖一直不错。武术名家、后来的国家级射箭裁判员徐良骥对杨瑞林的帮助便很大。"大概20世纪三四十年代，当时徐良骥担任贝满女子中学的体育老师，教大家射箭。他让每个学生去聚元号买一张弓十支箭，那些学生就呼啦啦跑到我们店，给了我们家买卖。下一学期，他说不教大家射箭了，教打弹弓，好几十个学生又跑到我们家买弹弓。"杨福喜说。

那时，传统弓箭的客户，除了练家子、天桥艺人，还有不少旨在收藏的外国人。外国客户主要依靠正义路口六国饭店边上的洋车夫介绍，为了卖出弓箭，这些手艺人不得不给他们很高的提成。

就这样，聚元号的弓箭生意一直维持到1949年以后。在1957年公私合营之前，整个弓箭大院只剩下4家弓箭铺，且与杨福喜家均有渊源："我们家一家，我二大爷、三大爷、四大爷，这样4家，其实跟我们一家差不多。"

由于国家对产品销路的支持，还有"除四害"运动中需要大量弹弓，聚元号在中华人民共和国成立的最初几年间,迎来了短暂的黄金发展期。杨福喜指着墙上的老照片介绍: "那会儿已经挂上了体育用品第一生产合作联社的牌子。那是我们家最风光的时候,全家月收入五六千元左右,那时一个区长才拿三四十元。"

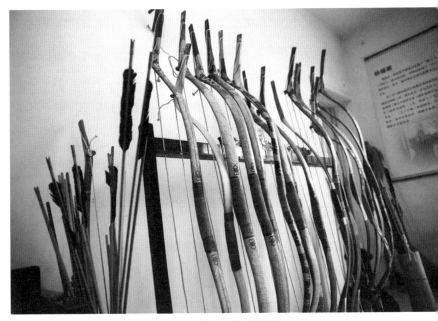

"聚元号"弓架上的弓,其中还有一些客人拿来修复未取的老弓

不久,体育用品厂的重心转移到与人民生活关系更密切的产品,1958 年,彻底停止制作弓箭用品。当初的弓箭艺人多数转行为木工,其中就有杨福喜的父亲杨文通。

40 年与 40 岁

尽管家中早已不做弓箭,幼时的杨福喜对弓箭却并不陌生。他至今记得,爷爷卧室上方的吊板上放着许多弓箭,有时候老人会拿下来擦一擦,告诉孩子们不同弓箭的名称。上小学后,爷爷还给他们一人发了一套弓箭玩。

父亲有时会和杨福喜讲起以前的事情。那还是在日伪统治时期的北京,13岁的杨文通因为家中经济困难,中学只念了一个月,便回家学做弓箭。过去弓箭制作分为南北两派,南派主要聚集在四川成都,北派则在北京,两派工艺材质大同小异,主要差异在于,前者弓箭制作分离,做弓的专门做弓,铺子里没有箭;此外,为适应当地潮湿气候,增强弓的抗扭曲性,南方弓的弓梢不像北方弓是一个薄片,做得更为宽扁。北方弓箭铺常在一个屋里同做弓箭,便有了所谓"炕上做箭、炕下做弓"的场景。

以大的环节划分,一张传统弓的制作分为弓体制作部分的"白活"与弓体装饰部分的"画活",那时,除了弓箭铺的掌柜可以兼做,其他师傅往往只做一项。聚元号的师傅分工细致,有专做箭的,专做白活的,专管画活的。父亲杨文通更多时候跟着家里的几个得力伙计学习手艺。据他回忆:"过去做箭的一个月挣7毛,做弓的挣1块,画活的挣1块2毛。"显然,在过去文化水平较低的手艺行,需要一定美术天赋的画活人才尤为匮乏。杨福喜告诉我,弓箭大院最为鼎盛的时候,有160多个弓箭匠人,却只有一个半画活师傅:一个是聚元号的周纪攀,半个是他偶尔动手的四大爷。

1976 年，在顺义插队一年多的杨福喜被招入北京化工二厂工作。1992 年，北京化工二厂改为股份制，企业与员工实行双向选择，杨福喜在第二天便提出辞职。喜爱开车的他，很快开上了出租车。

6 年之后，杨福喜选择从父亲手里接过传统弓箭制作技艺之时，并没有太多崇高的使命感："后来我一琢磨，我做这个谁也不招谁也不惹。开始想得很简单，一个是喜欢，另外一个弄好了能弄碗粥喝。"凑巧的是，当时已快从水利局退休的父亲杨文通，由于时间空闲，开始捡起一放几十年的手艺。而让杨文通坚定恢复传统弓艺信心的，还是那年在西山八大处举行的一次射兔子比赛上的巧遇。比赛当天，杨文通所带的一把自制传统弓箭引起了国家射箭队总教练徐开才的注意。两人一聊，杨文通才知道当年聚元号的常客徐良骥还是徐开才的箭术老师。对传统弓箭饱含感情的徐开才勉励这位聚元号当年的少东家，一定要将传统手艺继承下去。

"从 1958 年停止做弓箭，一直到 1998 年重新做起来，中间正好间隔了 40 年，也是我的岁数。"对杨福喜来说，在不惑之年跟随父亲学习弓箭制作技艺并非易事。不管怎样，他在家属院租了一间小平房作为制弓箭场地，开始学做弓箭了。

可一上手，杨福喜发现弓箭制作并没有想象中困难，用父亲的话说，"好像你以前就是干这个似的"。回头来看，这与他从小跟父亲干木工活所打下的坚实基础密不可分。

重新挂上牌匾的聚元号，在开始一年多的时间里，虽然做出了几十套弓箭，但由于没有市场，完全卖不出去。杨福喜记得，1999 年春，

传统弓箭制作中的"刮胎子"环节需用特制的铲子，使弓胎达到"中间粗、两头略扁"

在一个朋友的介绍下，他才以 3000 元的价格卖出第一把弓。聚元号的第一个客户是京广中心的老板，后来对方又在南方开办了一个射箭俱乐部，一下要了 20 多张弓。

后来，徐开才为杨福喜引见了香港著名的传统射艺专家谢肃方。当确认聚元号是传承十代的弓箭铺后，他一次买下 17 副弓箭，并不断介绍箭术同好前来选购。就这样，聚元号的弓箭逐渐在海内外市场有了名气，价格也从 2000 多元逐渐攀升到上万元。不久，徐开才又将正在中科院做古代弓箭博士论文的仪德刚介绍给杨福喜。仪德刚的论文出来后，聚元号受到了研究界更多的关注。

与此同时，国家政策对弓箭制作等传统手工艺也越来越有利。2003年，聚元号弓箭成为"非遗"调研的重要考察对象，3年后，更被列入首批国家级非物质文化遗产名录。杨福喜告诉我，如今，聚元号弓箭铺不但每年可以享受3万元的"非遗"津贴，还曾连续享受3次数额达30多万元的项目扶助资金，供弓箭铺购买原材料、制作视频、搜集材料之用。这种在所有"非遗"项目中都颇为罕见的支持力度，无疑免却了杨福喜的后顾之忧。对如今的他来说，制作弓箭所花费的，仅仅是时间成本。

2007年，在"非遗"项目正式发牌3天前，杨文通与世长辞。那一刻，杨福喜才发现，跟随父亲学做弓箭8年的他，尚未完全精通传统弓箭的所有工序，有些地方还要靠回想父亲当初的耳提面命，在实践中慢慢领悟。

"不要做你驾驭不了的弓"

摸着一把刚刚做完白活的弓，杨福喜告诉我，聚元号所做的传统弓箭，由于弓体采用牛筋、牛角、木质等材料，竹胎在上弦时要反方向弯过来，以最大限度发挥其弹性，这种弓学名叫作"筋角木反曲复合弓"。

聚元号弓的制作工序，大体分白活、画活、上弓弦3个阶段。仅就白活而言，又可细分为制弓胎、勒牛角、铺筋、上板凳4个主要环节下的30多个小环节。在过去的弓箭行，没有3年多的时间，学徒无法出师。

由于在制作过程中使用猪皮熬制的鳔胶，弓箭制造的季节性很强，天气过冷过热都不行。有人曾建议用空调解决这一问题，杨福喜发现效果很差："我们的东西最好自然风干，从里往外干；人为控制温度，弓是从外往里干，往往外面干了里面还是湿的，造成的问题是弓的力量变化很大。比如春秋季节所做的弓，拉力可达50磅；夏天潮热时做的弓，拉力连30磅都不到。"杨福喜告诉我，为了稳定弓箭的性状，充分观察可能出现的问题，弓箭行的祖训是，一张弓做好后，要在匠人手里放一个四季。如此一来，一张传统弓箭的制作周期往往要一年多之久。

"做弓没有什么独特的地方。制作的弓箭，要适合你的身高、臂展和力量。我爷爷和父亲常告诉我一句话：不要做你驾驭不了的弓。"杨福喜说。

中国的传统弓箭，一般用"劲"来计算力量，近代以来，出于与国际弓接轨的需求，才开始采用"磅"的说法。杨福喜查阅了《天工开物》和《考工记》等古代文献，发现1个劲，一般就是10斤左右。射箭所用的弓一般在3.5～4.5个劲左右，练力气所用的硬弓则更大。杨福喜告诉我，自己在年轻时用5个半劲的弓射一百六七十米没有问题，即使现在，也能稳稳拉开80磅的弓。

对弓箭力量的感知，无论对使用者还是制作者，都同样重要。客人订购弓箭时，杨福喜一般会问他们两个问题：弓箭使用者的力量以及使用地域。为了测试使用者的力量，杨福喜常常建议对方，伸直胳膊拎一袋50斤的大米，如果能拎起并坚持5秒，说明可以驾驭50磅的弓。

杨福喜收藏的一把制作于道光三年（1823）的"聚元号"弓

而了解弓箭的使用地域，便可以在制作上加以调整：如果带到潮湿的南方，需将弓梢做宽，弓身贴上防潮的桦树皮，以最大限度地保护弓箭。

　　一个弓箭制作师的力量，往往成为其所做弓箭力量的上限。原因在于，在制作过程中，弓箭师傅需要不断拉试以测试性能、调试问题。杨福喜告诉我，在刚做好一批弓箭的那段时间，他每天早上起床后的第一件事，就是把那些弓挨个拉一遍，有时一拉就是十几二十张。前段时间，张国立在节目《非凡匠心》中，来杨福喜的弓箭铺拍摄自己学习制作传统弓箭的过程。为了测试张国立的力量，杨福喜专门和他推了推手。当天晚上，杨福喜让张国立把做好的弓箭放在床边，告诉他只要听到异常的咔咔声，立刻"剪弦保弓"，结果害得他几乎没睡好觉。

"一张弓，如果说在开始做、做的过程中都不能确定它的力量大小，就不是好手艺。只有达到随便一掂就知道弓的力量，上下最多不超过10磅，才算合格的手艺人。"杨福喜说。

问题在于，在向来"以眼为尺、以手为度"的弓箭制作中，如何控制一张弓的力量？杨福喜告诉我，决定一张弓力量的因素有很多：竹胎的性状、牛角的薄厚、牛筋的多少。但要做到心中有数，只能靠日积月累的经验："选胎的时候，我随便拿出一块竹子，就知道它适合做几个劲的弓；勒牛角的时候也知道这块勒上去大概几个劲。勒牛角之后，我根据牛角的弹性再决定胎子的薄厚，去多少留多少。可你让我说道理，我说不上来。"

在洒满夕阳的后院中，杨福喜用特制的锛子，一边看着竹胎，一边讲解："三百六十行中，只有南方做木盆、草原上做马鞍子的，和我们用类似弯把的锛子。每个锛子根据师傅的具体情况设置锛头角度，一般不外借。身大力不亏的人用的锛子叫'馋锛子'，特点是茬口比较大，砍活比较快；身体比较弱的人则用'懒锛子'，角度往回收一点。"说话间，一张中间宽两头扁的竹胎已初具规模。

勒牛角和铺牛筋，是决定弓箭性状的两个重要环节。牛角，在弓体中起到弹性作用，一定要用长度在60厘米以上的水牛角。用锯子锯成薄片，再用电动砂轮打磨光滑之后，涂上融化好的鳔胶，在特制的木凳"压马"上，用木头制作的"走错"带动绳索，快速将牛角缠在竹胎之上。这是弓箭制作中最耗体力的环节，勒完一块牛角，杨福喜已是满头大汗。然而直到今天，他仍觉得这是传统手艺中最难被替代也是最有魅力的一环。

牛筋取自牛背紧靠脊梁骨的那块筋，砸开后需要撕成一丝一丝的条状，这一耗费时间的工序，用弓箭大院流传的话说就是"好汉子一天撕不了4两筋"。牛筋在弓背铺设的层数，直接决定弓箭的力量，一层贴完后起码要等一个星期完全干透后才能贴第二层，因此这也是整个工艺中最耗时间的一环。杨福喜31岁的儿子杨燚，高中毕业后便跟随父亲学习制作弓箭。他告诉我，由于经常要蘸着滚烫的鳔胶梳理牛筋，他和父亲已经练成从蒸锅中直接用手端出热碗的能力。

随着聚元号的影响越来越大，杨福喜在与更多国际同行交流中，时有收获。他发现尽管材质相同，但韩国弓箭特别小，在自重很轻的情况下可以射得很远。更重要的是，人家传统弓箭的制作从未断层。而美国所产用于做弓弦的线，弹性仅为0.2%，大大优于传统棉线高达4%~7%的弹性。让杨福喜欣喜的是，越来越多的年轻人开始喜欢中国式射箭，前两年举办的鄂尔多斯国际那达慕大会上，正式要求各国选手采用中国式射箭法。

在我们聊天的当儿，聚元号年轻的传承人杨燚独自在隔壁屋中做着画活，用桦树皮刻了一条龙，贴在弓箭上作为装饰。他笑着对我说，自己在这儿基本处于"修仙"状态，如果不这样，做不了弓箭这玩意儿。

李永革：修故宫的人

师傅赵崇茂退休的时候，塞给李永革一张纸条：勿要一得自矜，浅尝辄止。这几个字李永革至今记得清清楚楚。"古建修缮是一辈子学习的事儿，每次都有没见过的东西。"

第三代工匠

李永革所在的修缮技艺部位于故宫的外西路，这里原来是内务府造办处，为宫廷制造生活器具。清代鼎盛时期，造办处下设24个工坊，荟萃了全国的能工巧匠。现在的修缮技艺部保持了它在功能上的延续。早年间，李永革家住在鼓楼。每天骑着自行车，十几分钟后就能从北京早高峰的车水马龙进入到和百年前区别不大的静谧宫城，他觉得十分惬意。

李永革在一间平房里的办公室等着我们。老式的办公室中还有搪瓷脸盆和水盆架子，墙上挂着一张民国时代的故宫全景图，桌子上是宫殿建筑的烫样和鎏金斗拱的模型。李永革一头白发，穿着衬衣和布鞋，开口是浓重京腔。"我1985年29岁的时候就坐在这个位置上了。"李永革说。他1975年从部队退役后来到故宫，当了10年的木匠，然后因为工作出色成了修缮技艺部的副主任。两年前他到了卸任主任的年龄，却更加忙碌。他是"官式古建筑营造技艺"这项非物质文化遗产的传承人，现在负责技艺传承工作。

来到故宫上班是父亲的建议。父亲是个木匠，李永革也想继续学这门手艺。一般的建筑公司就是支模板、安门窗，父亲说还是故宫古建队的木工技术最复杂，能学到真东西。李永革第一天来是从西华门进来的，一下子就被震住了："这么大的宫殿群，是怎么修起来的？"他被带到一个叫赵崇茂的师傅面前，赵师傅身边已经有两个年轻人在学艺了。"我开始刨木头，腰板直，姿势也对，因为我在家做过木工活儿啊。"就在师傅的夸奖声中，李永革开始了做木匠修故宫的日子。

按照代际关系来算，李永革算是新中国故宫修缮的第三代工匠。新中国成立之后故宫的三次大修分别成就了三代工匠，也培养了下一代学徒。第一次大修是在1949年新中国成立之后，故宫提出了一个5年治理与抢险的计划。针对大量古建筑年久失修的现象，故宫邀请了在古建八大作"瓦木土石扎，油漆彩画糊"中分别身怀绝技、各占一个山头的10位工匠进入故宫，他们就是第一代工匠，后来被称作"故宫十老"。这个过程中，戴季秋、赵崇茂、翁克良跟随马进考、杜伯堂等师傅维修西北角楼，维修结束后，继续学习制作模型。至今故宫古建部仍然保留着西北角楼一角四分之一模型、钟粹宫正殿歇山顶大木结构的一角和御花园四柱八角盝顶井亭模型。朴学林、邓九安、王友兰跟随周凤山、张国安师傅修补屋顶琉璃瓦面；张德恒、张德才、王仲杰则跟随张连卿、何文奎等师傅重新做了三大殿彩画，并按照比例将故宫大部分彩画进行临摹，制成了《故宫建筑彩画图录》。故宫第一次大修中，第二代工匠打下了扎实的基础，到了第二次大修他们已经能担当主力。

第二次大修从 1973 年开始，故宫制定了第一个五年修缮保护规划。为了完成这次大修，故宫工程队（修缮技艺部的前身）对外招聘了 300 名青年，李永革就是其中之一。他跟着赵崇茂、戴季秋师傅，相继参加了午门正楼、崇楼、东西雁翅楼、太和门东西朝房、钟粹宫、景仁宫、斋宫、奉先殿、皇极殿、畅音阁、阅是楼、遂初堂、庆寿堂、养心殿、慈宁花园、东南角楼等施工工程。1975 到 1979 年，每到冬季不适合室外作业的时刻，第二代工匠会为新来的年轻人讲授业务，李永革一直保存着一份 1979 年的冬训讲义。

第三次大修，是在 21 世纪初故宫制定保护总体规划大纲后开启的 100 年来最大规模的维修保护工作，包括了武英殿试点工程、太和殿挑顶大修工程、慈宁宫落架大修工程、建福宫复建工程等重大项目。第三代故宫工匠正式登场，李永革成为这一系列工程的负责人。

回顾在故宫工作的一辈子，李永革觉得自己的成长过程和第一、二代修故宫的工匠并没有太大区别："都是在一次次实操训练中磨炼手艺的，逐渐明白了古建维修的各种门道。只不过搁以前，学手艺要搞磕头拜师，我进故宫的那年不兴这套了。而老师傅对你呢，也是倾囊相授。"李永革跟着赵崇茂学习，却一直没有师徒的名义，这倒成为他的一个遗憾。

最辉煌的时候，故宫的工作人员有 800 多人，古建工程队就有 400 多人，是故宫人数最多的部门。可这支古建队伍虽然有国家文物局颁发的"文物修缮工程资质证书"，但因为不是企业性质，没有营业执照，无法参与投标，在市场化的过程中逐渐被排斥在大型维修工

第三代工匠正在向第四代学员传授木工技艺

程之外。现在的修缮技艺部日常要做两方面的工作，分别是古建筑的维修保养以及修缮工艺的传承。按照设想，尽管修缮部不再能直接参与大工程，却可以培训新来的年轻人，将来让他们在工地现场做管理人员，确保外来施工队伍正确操作。

可是，如果没有足够的工程量来做平时的练手，年轻人能积累出经验吗？时代变化，李永革从一名木匠成长为古建筑维修专家的经历更显得难能可贵。

木建筑的门道

在故宫做木匠，并不是一上来就修整座大殿，刚开始也是一些不起眼的工作。"今天修个隔扇，明天补根柱子，师傅带着干什么就学什么，最后知识零存整取。"虽然李永革最先认识的是赵崇茂师傅，时间一久，其他年长的师傅都成了他的老师。"赵师傅善于总结规律，平时话也多；另外一位戴季秋师傅做过不少建筑模型，知识扎实，就是人一多就说不出话，要私下里请教。"摸透了师傅们的性格，李永革便很快受益。"同样的事情，这个师傅讲得很清楚了，另个师傅走过来又问，明白吗？我还说，不明白，于是又能听一遍。两个师傅从不同角度来讲，也加深了印象。"让他感动的还有一位安海师傅。"刚学徒没多久，有一次要去添配一扇窗户，我以为打下手就行了，安师傅主动让我在木材上画线、开凿榫卯。搁平常，老师傅唰唰几下就弄完了，这是要主动培养你啊！"

官式木建筑和民间建筑有什么区别？最大的当然是体量不同。宋代《营造法式》一书的编纂者李诫提出以"材"作为木组件的标准量度单位，并根据建筑中木组件大小把材划为8个等级，设固定比例。用来建造皇宫的木组件用的是一个等级，用来兴建普通商人住宅的木组件则根据一个较小的等级制造。建筑物内每件木材，大至木柱和横梁，小至檩条和椽子，尺寸都是材的倍数或者分数。皇宫和民宅在结构系统上是一样的，前者是后者的夸张版。

体量巨大的宫殿就需要大型木料来支撑。明代刚修故宫时非常奢侈，民间传说用的是"金丝楠木"，木料中暗藏"金丝"，在阳光照射下白烁华美。"其实宫廷记载里就是'楠木',没有'金丝'二字。楠木生长到200年以上,里面会出现一种树脂的结晶,那是所谓的'金丝'。到了清朝,开始使用红松。后来足够大的红松也难以寻觅,故宫里便使用了木料包镶拼接的工艺。"进入故宫后,李永革定期会和同事们在东北寻找修补时所需要的合适木材。有一次,一位满族的老先生,竟然自愿把准备给自己造棺材的红松木卖给他们。国内全面禁止采伐天然红松后,故宫近些年开始从东南亚国家进口大口径木材了。

木料大,因此工匠画线时心理压力也大。画线是木工将木材制成一定形状之前做标记的过程,木工作品的成败有"三分画线七分做"的说法。"画错一道线的结果就是废掉一根大梁,这责任有多重!"所以李永革说,老师傅画线之后都不是马上去砍或锯,还要留下半天时间,过过脑子,复核尺寸。

去过故宫大修现场的人,就会发现这里和外面工地的劳作景象有个明显的区别:这里没有起重机,建筑材料都是以手推车的形式送往工地,遇到人力无法运送的木料时,工人们会使用百年不变的工具——滑轮组。故宫修缮,尊重着"四原"原则,即原材料、原工艺、原结构、原形制。在不影响体现传统工艺技术手法特点的地方工匠可以用电动工具,比如开荒料、截头。大多数时候工匠都用传统工具:木匠画线用的是墨斗、画签、毛笔、方尺、杖竿、五尺;加工制作木构件使用的工具有锛、凿、斧、锯、刨;等等。"老祖宗聪明得很。"李永革说,"比如'排杖竿',就是拿着一种四方截面的长竿去量柱子、梁架、进深等尺寸,然后在竿子上来做标记。"为什么要这样?李永革拿出

两盒外面买的卷尺，然后在纸上量着画出 10 厘米的线段，两条线居然并不完全一样长。"10 厘米误差就这样，要是去量 20 多米高的柱子呢？差一点，榫卯就合不上。老祖宗的方法看来笨拙，但更实用。"

以前拜师学艺，是"三年零一节"——不是说三年的时间过去，再随着下一个节日的到来就可以出师了，而是说在师傅家里端茶倒水当用人三年多，到这个时候师傅才真正领着你去看他做活。"三年之后，我们还真有个考核，就是做一扇十字条的木门，上面四块玻璃。顺利做出来，证明技术过关，但经验差得远呢。古建修缮是一辈子学习的事儿，每次都有没见过的东西。"李永革说。

1981 年故宫维修东南角楼，李永革主动报名，那成了他受益匪浅的一次经历。故宫的角楼按照顺时针的顺序相继修复，1951 年西北角楼、1959 年东北角楼、1981 年东南角楼、1984 年西南角楼。"木工都以参加过几个角楼修缮为傲。因为角楼不仅结构复杂，而且缺乏规律性，四个角楼四个样子。《清式营造则例》中将大木建筑分成庑殿、硬山、悬山和歇山四种样式，角楼是不同于任何一个门类的杂式。"一般人形容角楼是 9 梁 18 柱 72 条脊，其实比这要繁复。"三层屋檐共计有 28 个翼角，16 个窝角，28 个窝角沟，10 面山花，72 条脊之外还有背后掩断的 10 条脊。屋顶上的吻兽共有 230 只，比太和殿的吻兽多出一倍以上。"李永革介绍说。传说当年营建角楼时，由于设计难度大，工匠们都伤透了脑筋。后来是木工的祖师爷鲁班下凡，手里提着一个蝈蝈笼子，这个笼子不一般，正是设计者所盼望的那种设计精巧的角楼模型。

李永革在这次修缮中接触了斗拱的做法。斗拱是中国木建筑结构特有的形制，是较大的建筑物柱子和屋顶之间的过渡部分，它可以将支出来的屋檐的重量先转移到额枋上再到柱子上。"斗拱木构件的规矩多、尺寸多、讲究多。乍接触时头昏脑涨，逐渐才觉得有意思。像那些'蚂蚱头''霸王拳'和'麻叶头'之类名字都是流传下来很形象的说法。"除了斗拱之外，角楼落架大修时拆下来的木构件数量庞大，怎样能够保证还能将它们复原回去，也有技巧。"老工匠是靠标写'大木号'传递位置信息的，它比 ABCD 或者 1234 更加准确。以前的木匠未必认识多少字，但至少会掌握 20 个字：'前后老檐柱，上下金脊枋。

东西南北向，穿插抱头梁。'有了这 20 个字，木匠就可以在构件的相应位置题写，就能确定构件朝向，如何组装。"等到后来修西南角楼的时候，李永革已经从参与人员变成了主管领导，工作能主持得井井有条，全靠第一次的经验。

修复太和殿

古建"八大作"里，最核心的是"铁三角"的技艺：木作、瓦作、油漆彩画作。"其他技艺，比如架木搭设的搭彩作，因为过去的杉槁、竹篙、连绳、标棍都换成了铁杆和铁构件，已经日益萎缩了；夯砸地基的土作已经被机械化代替。"李永革说。走上领导岗位后，他继续钻研其他门类的知识，逐渐成为通晓整个官式营造技艺体系的专家。

2006 到 2008 年故宫太和殿的修缮是李永革主持过的最重要的一项工程。太和殿俗称"金銮殿"，位于紫禁城中轴线上最显要的位置，是我国现存体量最大、等级最高的古代建筑物。在当时，如此大规模的保护维修是太和殿重建 300 多年来的首次。最能体现大修难度的便是瓦作中"苦背"的环节。"苦背"是指在房顶做灰背的过程，它相当于为木建筑添上防水层。"有句口诀是'三浆三压'，也就是上三遍石灰浆，然后再压上三遍。但这是个虚数。今天是晴天，干得快，三浆三压硬度就能符合要求，要是赶上阴天，说不定就要六浆六压。这样的话，到了下班时间你也许还不能走，还要坚持把活儿干完，否则第二天来了上面就有裂缝。"老工匠的做工就非常瓷密。"苦背好坏是决定古建寿命的关键，否则很容易出现尿檐，水从屋檐下漏出来。

故宫是明清两代建筑的活教科书

古建筑就怕漏雨，越漏越坏，越坏越漏，最后倒塌。"

　　和石灰也有学问。李永革在琢磨透一件事后，总喜欢用生活中的例子来给工人们讲解。"石灰在建筑上用得很普遍，但是不同的用途就有不同的和法。就跟和面似的，擀饺子皮或者做面条，什么时候用开水，什么时候用凉水，怎样的比例，要心里有数。"做学徒的时候，赵崇茂师傅经常提点李永革："你小子'筋劲儿'不对。"但什么是"筋劲儿"师傅也说不清楚。后来李永革明白了，也对工人们讲这个词儿："就是对分寸和火候的掌握，用力大小，干活时间长短，材料使用的多少等等，怎么样算筋劲儿使对了要自己摸索。"

　　太和殿当时出现屋顶瓦面塌陷的状况，为了探查原因，李永革带着施工队伍揭开屋顶上檐东西两山面进行检查，结果就有了意外发现：

根据《中国古代建筑技术史》中的记载，专家此前都一致认为最高等级建筑的太和殿的屋面苫背也应该为最高规制，所以维修方案中选了铅背的做法。但事实上太和殿屋面苫背采用了最简单的苫背材料与方法，首先在望板上铺桐油灰约 2 毫米，之后涂上 8 厘米到 10 厘米的白麻刀灰，在白麻刀灰背上直接铺瓦。"于是我们决定尊重历史，就按最朴素的做法来进行原状修复。"李永革说。

彩画绘制是太和殿维修工程的重点和亮点。施工前李永革带着同事们多次到现场勘查并与老照片对比，发现太和殿外檐 20 世纪五六十年代绘制的彩画的纹饰随意，与历史原貌不相符，而太和殿内檐仍完好地保留着清早中期的面貌，因此需要重做外檐彩画，重现历史风貌。起谱子是画彩画的第一个步骤。传统的方法是根据木构件的尺寸来绘制大样，由设计者创作，细节部分有许多个人特色。"但为了保证重做彩画的原真性，我们采用了一种名为'套起'的方法进行绘制。套起是基本没有创造的，与复制的意义相似。太和殿外檐彩画大部分是根据内檐相应位置木构件上彩画的拓片起的谱子。"

太和殿彩画为皇家最高等级的"金龙和玺"，上面大量使用了含金量 98% 的库金和含金量 74% 的赤金，且相互交错。"比如斗拱，以斗拱每攒为准，坐斗为蓝，贴库金；坐斗为绿，贴赤金。以此类推，库金、赤金相间来贴，极易贴混。"李永革要求工人们每人只能贴一种金箔，避免搞错。

2008 年，当太和殿去掉围挡，重新以威严壮观的面貌展现在游客面前的时候，李永革还在忙碌一件和太和殿有关的工作——撰写《故宫太和殿维修工程施工纪实（2006—2008 年）》。"故宫维修缺乏这样的记录。"李永革告诉我们。他曾经去日本奈良的药师寺参观，发现那座建于公元 680 年的寺庙存留下来 1000 多本维修笔记，这让他深受触动。太和殿始建于明朝永乐十八年（1420），之后数次因火灾重建。现在的太和殿是康熙三十四年（1695）重建后的形制。新中国成立以后，太和殿还经过大大小小 6 次修缮。但在 2008 年之前唯一可查的详细记录，仍然是康熙年间写下的那本《太和殿纪事》。

传承之忧

李永革从来都觉得精力旺盛，平时经常下工地，直到有天爬高的时候觉得有些吃力，他意识到自己不再年轻了。那是 2003 年，他 47 岁。"再看看和自己同一批进来的人，有高血压、心脏病的，老年病都提早光临了。"他意识到了技艺传承的紧迫性。2005 年，李永革在故宫搞了第一次隆重的拜师仪式，是第二代工匠和第三代工匠正式确立师徒关系，为了将传承脉络理顺，也为了了却许多人的心愿。2007 年，李永革又组织了第二次拜师，从参与故宫第三次大修的工程队伍中选了 10 个不错的苗子让第三代工匠带着来学习。然而他们却称不上第四代工匠，随着大修告一段落，这些工人相继离开了故宫。"你也可以看成，官式古建筑营造技艺得到了更广泛的推广。"李永革自我安慰般地说道。

李永革寄予厚望的是 2013 年修缮技艺部面向社会招到的 15 名学员，他们被分成瓦木和油石两个组。"因为瓦作和木作，或者油彩作和石作彼此间都有相通的东西。现在年轻人文化水平高，掌握速度快，没必要单打一。"

第三代师傅手把手地给予学员最好的指导。在办公室旁边的一间屋子里，一个学员正在一丝不苟地做着砖雕。"这个叫作'透风'，在靠近柱子的墙壁上下各有一块，上面有眼儿，为的就是能让空气流动，柱子不至于糟朽。"李永革介绍，"一个好的'透风'要花费雕工一天多的时间，哪里是花朵，哪里放瑞兽，都有说法，做出来成本就在四五百块钱。有的施工队想买那种便宜的'透风'：砖厂在砖烧制之前还是软的时候用竹签子划出个花瓣之类的浅浅的图案。我坚决不允许。这样就失去官式建筑的讲究了。"

另外一位学员正在制作明代斗拱和清代斗拱的比较模型。"清雍正十二年时，出了一个'清木作宫廷做法'，就是把做的斗拱的尺寸进行一个详细的规定，明代的时候没有。但是明代也是在继承原来的元制或者是类似宋制，是这么演变过来的。所以明清两代的斗拱还是有很大差别。"李永革说。故宫是明清两代建筑的活教科书。"比如一个大殿里，一个木构件朽了，人们都想要换掉它。可是它有可能偏偏就不能换，因为只有这个东西才能说明它的建筑年代，换掉后就历史信息不明了。"目睹过外来施工队伍里一些"昨天还在地里刨白薯种白菜，今天就来修文物"的工人极不专业的操作，李永革最担心的是他们会把故宫的特征修没有了。"到时故宫就不是故宫了，就成现代宫殿了。"

这拨精挑细选出来的年轻人现在还是面临两个问题，除了缺少参与大型工程练手的机会外，他们也没有纳入故宫正式人员编制，"30多岁的人，都是拖家带口的，经济压力大"。到现在，15名学员还剩下9个。他们还会成为和李永革一样，一辈子修故宫的人吗？

后记

2015年，在我第一次采访李永革的当年12月，他便从故宫正式退休，但他的日常生活并没有因此清闲多少。他依然在故宫担任返聘的专家，是故宫学术委员会和保护基金会的委员，每年要担任故宫一些课题项目的评审。同时，他还是国家级非物质文化遗产——官式古建筑营造技艺的传承人，要指导故宫之外认下的学徒。2023年3月，当我和李永革通电话询问他近况时，感觉到他通话声音有点嘶哑，原来他刚刚做完声带囊肿的手术，"估计是职业病，给大伙儿讲课的时候话说得太多了"。

为故宫培养修缮技艺的传承人，依然是李永革十分关心的问题。2013年，故宫的修缮技艺部面向社会招到了15名学员，顺利的话，他们将成为故宫之内官式古建筑营造技艺的第四代传承人。目前，这批学员有一半选择留了下来，"离开的原因最主要的就是编制和工资待遇，有北京户口就比较方便，有三位和故宫已经签了正式的劳动合同"。李永革提到，故宫方面一直在积极为他们解决编制问题，比如正在筹划以成立公司的方式将更多的学员招到公司当中，这样就能突破事业单位的人事制约。

古建筑营造技艺有"八大作"的说法，分别是：瓦作、土作、石作、

制作烫样的过程

木作、彩画作、油漆作、搭彩作、裱糊作。其中，像土作，指的是用夯土来做地基，"老祖宗打下的地基本就非常坚固，经过几百年的时间，变得愈发稳固结实，所以基本用不上这个技艺"；另外像是搭彩作，"过去用竹竿之类来搭架子，因为不利于木建筑防火，已经被铝合金的脚手架所代替，这项技艺也就用不到了"；还有裱糊作，"只有像故宫、颐和园、承德避暑山庄这样过去皇家的地方进行室内维修的时候，这种工艺才用得上"。除了这三作之外，另外五作的技艺在古建修缮中仍然被迫切需要，因此是传承的重点。"还有一个问题是，现在的年轻人在技艺挑选上，更愿意从事木作、彩画作这类可能依然能和现代生活相结合的工种，而像是瓦作，需要上到房子顶上又高又晒；还有油漆作，要接触油漆里的有害物质，愿意做这样工种的人就少。"

李永革也希望在未来，这批年轻人能够有更多机会参与到故宫的大型修缮工程中来练手。曾经在故宫活跃的三代工匠，对应的是故宫的三次大修。以李永革为代表的第三代工匠，既跟着师父在东南角楼这样复杂建筑的维修中得到过学习，后来又在主持太和殿修缮这样体量巨大的工程中得到了锻炼，经验尤其丰富。从 2015 年至今，故宫有一些研究性的保护项目，像是养心殿的维修之类，但体量都不如从前。"大型项目要看机会，有的木匠可能修修补补一辈子，但他不会做斗拱，因为没有赶上过这种官式建筑的工程。"李永革说。他给领导的一个建议也是，老是开展培训意义不大，一定要接触实际工作，才能真正让传承人成长。

紫砂徐门

在 1996 年公认的现代"紫砂泰斗"顾景舟去世后，有中国工艺美术大师头衔的宜兴制壶名家目前大约能排出 10 位，多半是顾氏授过艺的徒弟。鉴赏者各有喜好，谁能技压众人难找一个统一说法。但说到家族传承，排在前面的徐门兄弟有他们的代表性：制壶跨 5 代，其中两代和顾景舟有师承，因联姻，和丁蜀镇其他制壶名家又有交错，形成的谱系可以说浓缩了宜兴丁蜀镇紫砂工艺自民国以来的传承史。

徐记福康

去宜兴丁蜀镇前，有人提到徐门兄弟汉棠和秀棠，说现在紫砂行情好，两位老先生做的壶重金难求，预订一把壶要等 3 年。听起来很戏剧性。到徐秀棠的长乐弘陶庄后，先向他的外甥、徒弟葛烜求证一下传言的真假，答没那么夸张，老爷子 70 多岁了，放不下最钟爱的紫砂雕塑，做壶又喜欢反复琢磨，让订壶的人等上一年的情况倒是有过。

等见到徐秀棠，我们问起徐家在丁蜀镇制壶这行有多少年了，他慢条斯理地说起了家世："我们徐家民国时期就是标准的小手工作坊，后来我兄弟 7 个，又有 4 个在做壶。"从他祖父徐锦森入行，到他父亲徐祖纯 1915 年在蜀山开设福康紫砂店号，徐家的寿星壶在当时逐渐有点名气，店里的生意直到抗战期间才衰落下来。他母亲的家族同样也靠这门手艺立业，外曾祖父邵云甫做的紫砂烟具在南洋很有名，舅舅邵茂章、邵全章和母亲邵赛宝也都是紫砂好手。到他这一辈，兄弟里面最早做出名头的是三兄徐汉棠，他跟随顾景舟学艺，是顾氏门下大弟子，"他拜师是在 1957 年蜀山陶业生产合作社成立前，比较正式，和后来工厂里安排的拜师学艺不相同"。

徐秀棠排行老四，1954年初中毕业后，拜了宜兴有名的陶刻艺人任淦庭为师，后来为丁蜀镇上的紫砂雕塑开门立派。徐秀棠说，陶刻本是紫砂陶中一个相对独立的手工艺，可以由制坯工匠自己操刀，也可以请人代作。专门从事陶刻的艺人，过去在宜兴被称为刻字先生，他们因为识文断字，地位相当于穿长衫的教书先生。徐秀棠小时候常见他父亲请了任淦庭去到家中刻字，待为上宾，"过去的宜兴人家请人上门做壶，制坯的称师傅，吃饭可以不必上桌。刻字的就必须称先生，吃饭和主人同桌"。据徐秀棠回忆，任淦庭的书法和金石功夫都了得，可以左右手同时操刀。当时蜀山陶业生产合作社里一共有7个知名的老艺人，他师傅是行内所称的"名牌手"，地位很高。

在徐门小辈中，徐汉棠那边，子女和孙辈都沿袭祖业。徐秀棠这边，女儿徐徐和女婿高振宇是顾景舟晚年收下的关门弟子。20世纪80年代，他们夫妇到日本研习陶艺，学成回国后进入中国艺术研究院从事陶艺研究，在紫砂制壶工艺和理论上都有建树。徐秀棠的女婿高振宇也出自制壶世家，他的父亲高海庚、母亲周桂珍都是宜兴名手，师从顾景舟，徐秀棠的儿子徐立现在便跟随周桂珍学艺。宜兴紫砂博物馆收藏了一把"曼生提梁壶"，算得上是这两个制壶大家族的成员共同完成的作品：此壶由周桂珍和高海庚合作成型，书画家范曾题写了字画并由徐秀棠刻成，整体上达到了名壶"切茗、切壶、切情"的境界。高海庚去世后，周桂珍离开老家，搬去了北京女儿家里，这把壶也就成了丁蜀镇的绝版，号称身价至少在百万元以上。

徐门老四徐秀棠，现在为紫砂雕塑开门立派

长乐弘陶庄

1996年，徐秀棠带着儿子、媳妇和众徒弟建成占地30亩的长乐弘陶庄，至今仍是丁蜀镇上规模最大的私人紫砂工坊之一。在徐秀棠身上，文人做派多于名匠性情。他不满足于自己的领地只是一个工坊，想把陶庄建成一个可以传承给后人的私人博物馆，将陶文化、紫砂文化和徐门个人作品陈列在一起。老人有很多想法，多年来在这陶庄里都慢慢实现着。他的得意之作，是2007年在陶庄仿照原貌形制复制了一座传统紫砂龙窑，"1957年以前，紫砂行始终沿用明清时期手工开采原料的方法，龙窑烧制形式也和明中晚期是一样的，直到1957年龙窑才被废弃"。徐秀棠说，2006年南京博物院和宜兴市文化局在蜀山西麓、北麓的紫砂窑原址做考古发掘，其中有座"品胜窑"残址，被发掘的专家证实是从明代中期就开始烧造的，到1959年春停烧后才自毁，"现在做壶的年轻人已经不了解传统紫砂龙窑的形态和功能，趁着早年做窑的老师傅还在世，我要把紫砂龙窑这种传统形式保存下来，免得以讹传讹"。

明代茶学家许次纾在其著作《茶疏》中就提到龙窑烧制紫砂壶极为不易："随手造作，颇极精工，顾烧时必须火力极足，方可出窑。然火候少过，壶又多碎坏者，以是益加贵重。火力不到者，如以生砂注水，土气满鼻，不中用也。"用龙窑烧制紫砂壶，先要把壶坯套在掇罐里，再把掇罐叠起来放进窑中，烧一窑大约要填进2万多件壶；用茅草为燃料，费时30多个小时。现在一窑根本不可能有这么大的烧制数量。在徐秀棠看来，龙窑失去了它的实用性，却具有历史保存价值。

他从 2006 年开始动工复造龙窑，断断续续一年多才落成。他这座窑完全按照考古发掘的原比例打制，加上窑房，全长 32 米，部分砖料从被拆除的废弃龙窑中捡回，由老师傅以全手工"圈拱"，基本复原了龙窑的传统面目。在徐秀棠心里，龙窑形制本身就是紫砂传统手工技艺传承的组成部分，不应该就此湮灭。

宜兴紫砂器是我国传统工艺中最早落有个人名款的一类，此项技艺的承袭脉络因此也就比较清晰可辨。据学者考证，紫砂壶能够形成落名款的约定，原因之一是它在明代兴起时，江南的市民文化正走入繁盛期，崇尚名器名工成为一时风气。景德镇陶瓷名冠天下，后人能从记载中查到某个名窑，所存留的名器上却很难找到工匠的名姓，因为景德镇陶瓷制作采用的是分工合作的流水线形式，在明代就有了二十几道分工，多数工匠终生只精于其中一道工序，工匠们合作完成的成品再完美也无法称其为个人作品。宜兴紫砂壶却是一种可由个人独立完成的工艺，从打泥条到围身筒，到最后烧制，基本可以完整体现制作者本人的技艺水平和风格趣味。

手工高贵，是因为它产生的作品个性不可能百分百复制。就说紫砂壶手，拿起一块泥团，他的心情、身体状况，以及拍打成型过程中每一次的手随心动，都决定了最后完成的壶是这一把，而不是那一把。徐立记得，他学制壶不久后，有次在上海一位私人藏家那里见到一把"大亨壶"，为清嘉庆、道光年间制壶大匠邵大亨的大掇只壶，造型简单，气度却极大，"只有一个词语可以形容我当时的心情：感动。尽管隔着玻璃柜门，我还是被强烈震撼了，竟然有下跪膜拜的冲动"。徐立

"传统全手工成型技法"所用到的工具（部分）多为竹、木材质

从此成了"传统全手工技法"的坚定追随者。他说，宜兴很多店家现在都打出了"全手工壶"的牌子，想卖个好价钱，其实除了灌浆成型的壶，紫砂壶都可以说是手工制作，但这个概念和"全手工壶"完全不是一回事。"全手工壶"的真正内涵必须是用"传统全手工成型技法"，即沿用明代传承下来的木转盘拍打、镶接成型技法，制作过程中使用传统的竹木质、牛角、铜、铁等工具。

"敲打泥片、泥条的搭子最好用黄檀木和枣木质地，木转盘一般是榉木和黄檀好。做壶需用'矩车'划圆形泥片，'象车'划直泥条，这两样工具的形制从明代沿袭至今。明人周容在《宜兴瓷壶记》一书中提到的制壶工具，和现在几乎完全一样，至少证明传统全手工成型技法在明末已经基本确立。"葛焘边讲边为我们现场演示传统全手工

陶庄占地 30 亩，将陶文化、紫砂文化作品展示和徐门个人作品陈列融合在一起

制壶的过程，各种工具看得人眼花缭乱，据他说，当年顾景舟统计过，以顾氏方法制一把掇球壶，用的工具多达 118 种。除了用具复杂，"传统全手工成型技法"还有一大特点，就是可以细琢，不必急于一次完成。用来存放泥坯的是粗釉套缸，缸底存水，中间用挖有注水孔的泥层隔断，泥坯成品和半成品都放置在泥层上面，再用木盖封闭，随时可以通过调整水面高度来控制泥坯湿度，而不必担心走形或损坏。葛烜说："顾老晚年做壶极尽精工，最高纪录一把壶能做三四年，常常是做一点，将泥坯放进套缸捂上几个月，等有想法了再取出做一点。他去世之后，家中至今套缸里面还放着没完工的作品。"

"传统全手工成型技法"可以说是紫砂工艺中最独特的内核。辘轳拉坯、石膏模挡坯、泥条盘筑法在世界各地的陶瓷工艺中都存在，但紫砂工艺的木转盘拍打、镶接成型法别无他家。徐秀棠也认为，紫砂工艺传承的本体应该回到传统，"现在有些评比标准，见到形式新奇的就给奖，这和实际情况是背离的"。对于有些紫砂发展理念，他也并不认同，"有人提出紫砂业要完成三大转变，其中一条是从个体作坊向规模化发展，所谓做大，这根本行不通。紫砂工艺最大的特点是个性化，过去搞合作社、紫砂工艺厂，从分散到集中证明行不通，现在才会重新从集中到分散。要传承紫砂传统工艺，就必须发展个人作坊"。在外人眼里，徐秀棠的紫砂雕塑是创新，以雕塑入壶也是创新，他却提出"守旧也是创新"。紫砂师承有两类：手追师傅，心摹古人。在制壶理念上，徐秀棠心仪清代两大文人壶名手——陈鸣远和陈曼生。

自 2006 年 9 月，宜兴市开始举办"紫砂陶全手工技艺大赛"，目的不在考工艺，而在评判参赛者对传统手工艺技能的"传承"——除技法，还要有师承，否则也失去参赛资格。"这个标准是为了让更多年轻人懂得尊重师傅和传统的价值。作品的好坏没有一定标准，只要掌握到方法并传承下来，传统技艺就不至于湮灭，以后的高低差别全在个人磨炼。"徐立说，现在的紫砂市场看起来很火热，但真正的传统手工工艺实际上处于萎缩状态。有真本事的师傅不愿再外传手艺，徒弟也没多少人能耐住几年学徒的辛苦，学个大概就恨不得立刻自立门户挣钱，当枪手、做假壶的现象在宜兴到处都是。他们也很无奈。

守旧也是创新

民间授徒各有章法，师傅身传、手教、少言，这中间的"留白"造就了各门派的说头。当年顾景舟收徐汉棠为徒，入门考试是让他做一副紫砂工具"矩车"，做成了，也就认可了。顾景舟晚年对高振宇和徐徐两人授课，首先是学 3 个月工具制作，然后是 3 个月不间断地打泥条、打泥片训练，打成的泥片要求一次将几百张叠在一起，大小、厚薄都能相同。顾景舟去世后，高振宇写文章回忆师傅，说圆珠壶是师傅教做的第一件完整作品，这种壶造型极简，看来平常，却包含了紫砂光素器制作的最基本技法，好比书法中的"永字八法"。接下来教做的"匏瓜壶""逸公壶"等，也都是传统经典壶型。徐秀棠回忆他跟师傅任淦庭学刻字，练造型的方法竟和西方素描有相似处，比如师傅会随手拿起一个茶杯，远远给他看一眼，然后要求他在纸上画出来，大小不差分厘，才算过关。

徐秀棠强调，制壶技艺上的纯熟，略有天分的人努力数年总可以达到，属于"工"的问题。但一个壶手要想作品进入收藏级别，还要解决"艺"的问题，就是一把壶所形成的整体形态和气度。

现在一些四五十岁的制壶人，稍有名气后，总自诩从小把紫砂作为理想。徐立等人讲到这里便笑起来，说这多半是不实之词。宜兴紫砂业每到低潮，都几乎无人为继。抗日战争到 1949 年前是一次低潮，连顾景舟那样的名手也被迫跑到上海去，改行另找饭碗。20 世纪六七十年代也算一个低潮，制壶被视为苦差，根本没人愿意去学。"听我父母讲，当时紫砂工艺厂招工一次就拉几百人进去，连站在门口看热闹的十几岁孩子也都招进去，最后能坚持到底的不足几十。工人每天从早上 6 点干到晚上 10 点，年轻人都不愿受那个苦。" 徐立回忆，直到 80 年代后期，台湾人对紫砂壶的需求带来了经济收入，制壶这行才开始热门。他小时候对父辈的手艺充满抗拒，一心想着考大学，离开这个家族环境。1990年他从苏州丝绸工学院毕业后分配到宜兴外贸，不过两年后还是辞职回了丁蜀镇，帮他父亲管理工厂。"大约在1999年冬天，我突然陷入了迷惘，很想逃避属于父亲而不属于我的工厂事务。有一天葛烜看我无聊，拉着我去看他做壶，也不知道为什么，紫砂壶那种简单和干净突然就吸引了我，一种发自内心的被打动。"徐立于是决定开始学制壶，这年他30岁。他没有找父亲学，而是背着包上北京，向周桂珍拜师去了。"一个人学习传统技艺，心里必须先有百分百的崇拜和敬畏，父子关系并不合适。为什么在传统学艺中师傅要先让徒弟做几年粗活？我想那还是有部分道理的，只是身在其中的人可能也没参透：将一个人的自傲完全磨掉，才能让他对师傅教授的东西无条件吸纳。"徐立说他现在做壶的状态就是喜欢，一个月做三五把，心无旁骛，而受过高等教育的经历则让他比普通紫砂艺人更有心性去寻求现代观念对传统的支撑，"从前逃避传统是因为觉得无法超越父辈，现在我的技艺仍然没有超越，但我对紫砂的认识超越了他们"。

丁蜀镇有个尹家村，距离太湖不到200米，现在成了商品紫砂壶的集散地，外地来的销货商大都来这里订货。说是村子，已经看不到什么田地，中间一条直道，两边密密的全是两层楼房，家家户户挂着作坊招牌。徐秀棠的徒弟史小明告诉我们，进村后一路上看到的那些一模一样的小楼，都是这两年建起来的，紫砂行情好，大家都挣钱了，"这里大概集中了200多个家庭作坊，普遍都是前店后坊的形式"。离尹家村不远，有当地最好的原料矿黄龙山，因为开采过度，2004年就被

徐秀棠制作的壶

禁止开发了。史小明算了一笔原料账："加工好的紫砂料，最上等每斤不超过 100 元，好料几十元，普通料几块钱，差价在 10 倍左右。对于商品壶制作工坊，这种成本差异会被计算进去，但像走高端的个人作品，原料成本我们基本忽略不计。"史小明认为紫砂行情突然高涨，对宜兴的制陶业实际上是很大的冲击。紫砂制壶本来只是宜兴陶业的一个门类，现在一看这么挣钱，几乎所有陶艺从业人员在草草培训后都转向紫砂制壶。普通工人经过一两个月培训就能独立做出紫砂商品壶来，手工成本不过几块钱，工艺上粗制滥造，对制壶这行也形成了破坏。徐立倒是觉得，对紫砂市场的两极分化也不必过于忧虑。"我认为各安其位也不是坏事。有人在满足市场，有人就能专心做自己想做的东西，传承传统。"

紫砂行情在 1990 年曾到了最高峰，1997 年东南亚爆发金融危机，市况落了下去，2004 年前后又重新涨起来。葛昀是徐家的外甥，20 世纪 80 年代末曾跟徐汉棠学徒过几年，"那时三舅一把壶价格在一两万元，市场落下去后，他的壶还是维持在这个价位。等到 2004 年市道再好起来，他一把壶就要三十来万元了"。

总有人问到徐秀棠和徐汉棠两兄弟在紫砂技艺传承上的区分。徐秀棠说，他和兄长的不同并非要分出谁高谁下，"保护紫砂传统技艺，需要我兄长那样恪守精工、一心一意的人，也需要我这种总在寻求变化和探索理念的人。守旧也是创新"。

漳州布袋木偶雕刻：徐竹初传奇

徐竹初告诉我们，2011 年"五一"前后，"漳州市竹初木偶艺术馆"
会正式开门营业。这栋 9 层 1200 平方米的大楼将被打造成一个集木偶
展示、制作、表演、售卖为一体的综合艺术中心。完全靠自家人投资，
艺术馆从 1997 年拿到土地使用批复到 2010 年大楼封顶历时 13 年，徐
竹初也从 59 岁等到了 72 岁。

传奇

徐氏木偶雕刻传到徐竹初已经是第六代，这个手艺家族从清朝
嘉庆年间徐梓青开设的"成成是"木偶店铺算下来，在漳州本地已有
200 多年历史。徐竹初的父亲徐年松的木偶也颇有名气，但让漳州木
偶雕刻艺术为全国甚至世界知晓的则是徐竹初，而这个传奇始于 16 岁。

"1954 年我到漳州一中上初一，当时刚好'全国少年儿童科学技
术和工艺作品展览会'举办，学校美术老师知道我家的情况，就鼓励
我雕刻几个木偶去参展。后来我就选了 3 个角色：一个是传统的大花
脸，一个是和蔼可亲的老翁，还有一个小孩。据说展览开幕时，郭沫
若和中央美院的人都去看了，看完他还把几个教授都叫过来说：'你
看，漳州的木偶这么生动，这个作者是哪里的少年？才 16 岁，你们
要对这个作者加以培养。'郭沫若还在留言簿上为我的作品写了感想，
说我的'木偶头神情逼真生动'。最后，我的 3 个木偶头获得了特等奖，
当时还出了一本叫《科学技术展览汇总》的书，收录了这次展览的情况，
还有一段话是郭老对我作品的评价。但那时候家里穷，我在书店看到

却没钱买。"

获奖只是开头，之后发生的事情超出了少年徐竹初的想象。"1955年，大概是 8 月，我记得那天是星期六，放学快走到家的时候，就看见很多军人。到家后，周围的邻居还有市委的一些人就说：'哎呀，你回来了，中央领导在找你！'其中一位很和蔼的军官说：'你是徐竹初对不对？你这么小，技术就这么好，要好好学习，将你父亲的技术发展下去。'他还说他也姓徐，同姓本是一家，后来我才知道是徐向前。他是专程带着中央新闻纪录电影制片厂的人来为我拍新闻纪录片的。"少年徐竹初当时能做的，只有用木偶来表达自己的感激之情。"我说为了感谢毛主席，我想送一两个作品给他，不知能不能收到。徐向前跟我说：'你有这个心意，我保证给你转到！'我就连夜赶刻了两个木偶，一个是老人家，一个是小女孩，临时找了个盒子装上，第二天就托他们带走了。其后几天，制片厂的同志带着摄像机去学校拍摄我们木偶兴趣小组的表演，拍摄父亲教我雕刻的场景，前后拍了两三天。"徐竹初说，事后不久，漳州大众电影院公开放映了这部纪录片，名字就叫作《少年雕刻家徐竹初》。

从此，徐竹初再没放下过刻刀。1957 年母亲过世，为帮助父亲养家，初中毕业的他放弃了保送中央美院的机会，进入漳州工艺美术厂（原工艺合作社），正式开始木偶雕刻生涯。第二年，他调入漳州市木偶剧团的前身南江木偶剧团任专职木偶雕刻师，"这一干就一直到 1998 年退休"。在近 60 年的艺术生命里，他继承了前代保留下来的 200 多种木偶形象，通过创新设计，使漳州木偶形象增加到 600 多种，涵盖了戏曲中生、旦、净、末、丑、杂各个行当，以及历史人物、神仙鬼怪、市井百姓等各种形象。2005 年，以徐竹初为代表的漳州木偶雕刻和漳州布袋戏一起入选第一批国家级非物质文化遗产名录。

传神

漳州布袋木偶不大，头和手脚以木头刻制而成，身体四肢用布缝制，演出时木偶艺人用拇指、食指和中指等操纵木偶的头和手，所以漳州的木偶戏也被称作"布袋戏"。"木偶戏多是在乡下演出，表演的人少，看的人也少，一般高度都在 30 厘米左右，没什么肌肉感，身体比例也不大协调。"为了适应剧团演出场地的变化，让成倍增加的观众都可以看清楚木偶，徐竹初对木偶身材做了改良："我们把木偶加高到 45 厘米，往身体里加上海绵，让木偶变得更有身段。"

木偶制作包括头像雕刻、粉彩、须发和四肢的安装以及服装头饰制作等多个流程，涉及雕塑、彩绘、刺绣、编结、缝纫等多种工艺形式，而木偶头的雕刻是其中最主要的，"外国人管我们的木偶叫中国的动漫，为什么？因为我们的木偶艺术形象很夸张。你看这些龙王、神怪，它不是人，却又像人，有人的神情。而历史人物，比如张飞，可以把眼睛做成圆形，瞪得很大，表现出愤怒的神情，这是木偶可以做到但戏剧演员无法做到的。"即使是像关公、孙悟空这样在各种艺术形式里都趋于经典化了的人物形象，徐竹初也可以找到很多创新的空间。"我们可以通过活动机关的设置，让眼睛、嘴巴都动起来，也可以为孙悟空设计出三头六臂的造型。"虽然以前也有部分五官可以活动的木偶，

徐竹初制作的木偶头

但对这一技术进行大幅度改良的还是徐竹初。"只要将食指向上顶动木偶头中的一个机关，就可以让木偶预先设计中的眼睛、下巴动起来。动作的幅度还要很大，这样才能让后面的观众也能看到人物在笑。"在徐竹初手上，一位白胡子、白发的老者脸上绽放出开怀的笑脸，而他设计的机关甚至可以让一个多头神怪每一张脸上的眼睛和嘴巴都动起来。

"我们福建的木偶戏分成两派，我们这边叫北派，泉州那边是南派。我们过去演出都是用昆曲、汉剧的调来唱，现在闽西的一些地方还有。后来京剧兴起，我们就改用京剧来唱，所以很有意思，很多老艺人不会讲普通话，但是他们会唱京剧。演戏时我们用的锣鼓点也都是京剧的。为什么呢？这都是为布袋木偶服务的。布袋木偶靠两手操作，擅长演武打戏，京剧里《三国演义》《水浒传》武打戏很多，锣鼓点配合也很有气魄。所以布袋木偶的造型以前参考汉剧造型，后来也参考京剧脸谱，但并不是完全照搬。"徐竹初说。因此，出于戏剧表演的需要，木偶也按照生、旦、净、末、丑、杂分成 6 种，红脸忠义，黑脸勇猛，绿色多用于番将，紫色多用于鬼怪……中国戏曲中用色彩表现人物性格特点的规律也在漳州木偶的形象上体现着。脸谱勾描中却各有特色，"京剧中关公额上一般勾上'冲天纹'，暗示武将不得善终。鼻窝右要勾一黑痣，意味着梨园中人不敢与武神面貌完全相同"。而徐竹初手下的关公则全涂红色、丹凤眼、卧蚕眉，更为接近闽南寺庙中的真神形象。

从小在九龙江边的"讲古（说书）场"长大，徐竹初对《三国演义》《西游记》《说唐》《封神演义》的故事情节早已烂熟于心，创作源自他内心对人物性格的多年揣摩。《封神演义》中因进谏商纣而被挖去双眼致死的大夫杨任在徐竹初的刻刀下展示出相当大胆的形象：粉白的小生面孔上，双眼处向前推出一双呈倒"八"字形的手掌，而双手手心中各绘有一只眼睛。这与书中杨任被清虚道德真君救走，服金丹后双眼处长手、双手长眼的叙述相合，而视觉上带来的震撼效果要远超出书中文字的描述。传统剧目《大名府》中的守门官"钱如命"也是徐竹初的经典作品之一。"上小下大的葫芦形脑袋象征此人无脑、愚蠢，可是又饱食终日、贪得无厌。两条倒撇的蚊子眉，贼溜溜的小眼睛显出他好色又有点小机灵。"他说。

除了为木偶戏服务，木偶还寄托了徐竹初艺术创新的追求。上海世博会期间，《福在眼前》作为他的代表作被送到中国馆中展示。双目圆睁、额头以传统福字和蝙蝠纹样装饰的福星头上，分三层盘踞着八九个笑嘻嘻的孩子的头，他们手执绘有"福禄寿"三仙的金牌、短戟。"我们中国人看来，戟代表吉祥，多子就是多福嘛。"徐竹初解释道，作品中充满了中华传统文化对于幸福的朴素认识。

600多种人物中哪一种最难把握？徐竹初给出的答案在意料之外也在情理之中："妖怪最容易，反正没人见过；花脸多下些功夫也可以学好；小生、小旦最难刻，只差一点点，人物的表情就全不对了。"小生、小旦没有特别的造型，粉白脸色完全靠眉眼、脸型的微妙变化呈现主人公或文雅或风流或温柔或活泼的性格内涵。内行看门道，徐竹初说只要看一个手艺人小生、小旦的雕刻技术就可以判定他的手艺。徐竹初说，雕刻买木偶头，关键是要把握住"五形"（两眼、一嘴、两鼻孔）和"三骨"（眉骨、颧骨、下颌骨），通过适当比例和有机配合，就可以塑造出千变万化的艺术形象。"木偶终究是木头做的，表情要做到耐看很不容易，关键是要能表现出形态，能传神。这个光靠师傅说是不行的，需要相当长的时间去体验，靠感觉去把握。"

传世

刻木偶并没有想象中那么简单，主要工序粗粗算来也有选材、打坯、定型、细刻、修光、裱纸、上土、磨光、上色、梳头、穿衣、戴帽等12项之多，如果细细分下来则会有几十道。"上土要上二三十遍，上

色也要二十几遍，都是薄薄地刷上一层，干了后再刷第二层，相当烦琐。"已经跟随徐竹初学艺六七年的陈基林告诉我们。所以，单单刻一个坯子就需要半天左右，如果加上修整、上色，大概要三四天，如果制作嘴巴、眼睛都能动的，时间上还要再多出两三天。"木偶雕刻艺人们往往会选择几个木偶为一批一起做，这样等待风干的时间就可以被利用上了。"

现在徐竹初亲手制作的精品木偶一件可以卖到 6000 元左右，在国外出售的价格更高，合人民币上万元。陈基林的一件普通作品在市场上也可以卖到四五百元。"老实说，木偶的用料真的不值什么钱，所有的价值都在做工上。"陈基林坦陈。但这并不代表选材和用料不讲究。"我们这里做木偶一般用樟木。樟木的好处很多，首先它质地软硬适中，方便刻，而且重量也适中，木偶艺人举着不会觉得很重。其次，樟木是有香味的，不怕虫咬，放几百年都不成问题。加上这种木头吸汗，演布袋戏时，木偶艺人的食指要插到脖子里，夏天演出很容易出汗，樟木的香味还可以防止木偶发臭。"徐竹初对我们说，"我们家不单单选樟木，还要选最好的那一段，就是樟木的主干旁边接出来的那个新芽，我们叫樟儿。这个木头比较轻，而且不容易裂开。"

从打坯、定型到勾勒粗坯，学艺六七年的陈基林已经经历了"拿着刻刀无从下手"到"闭着眼都能刻出来"的过程。"不需要勾画形象，最多用铅笔定一下比例，因为人物的样子都已经在心里了。"圆口刀用来把木偶的大体轮廓定型，平刀比较细致，多用来刻细部。眼窝、眼珠、鼻子两侧的凹陷则要用小圆口刀来处理。陈基林从没数过刻一个木偶头需要多少刀，他的工作台上堆满了处于各个加工步骤中的木偶头：从呈三角形的木头到已打磨光滑的人像，其余则是如米粒般大小的木屑。

"上土、裱纸的工序比雕刻还更麻烦。"这两个步骤最主要的作用都是为了保护木偶里面的木头，防止开裂，增加使用寿命。"最好的土是金门的黄土，又均匀又细，里面放的胶水则是熬制的牛皮胶。"陈基林说，"但是现在已经很少使用黄土，因为在温度和湿度比较低的地方还是会很容易开裂，我们用一种特制的新涂料代替了。"把一片片撕下来的薄绵纸粘在木偶脸上，也是为了解决木偶艺人在演出中出现的问题。"演戏的时候，木偶头很容易发生磕碰，那样就会磕碰木偶脸上的漆，戏班为了重新补色方便，就让雕刻师在上色前粘上绵纸，这样用清水一洗，木偶脸上的色彩就都掉了，方便重新涂上底漆、上色，也不会伤害里面的木头芯。"陈基林说。

木偶用到的基本色彩主要有红、紫、黑、白、蓝、绿、黄、粉红、褐、赭、金、银等色，徐竹初一直坚持使用传统的矿物质颜料，"但是现在这种原料几乎都没有了，大家普遍用那种像牙膏一样的国画原料"。相比于别人用喷枪上色5遍就可以达到均匀的效果，徐竹初则坚持要用毛笔涂上二三十遍，"手工上色看起来很厚，并不一定好看，喷的话比较均匀，但薄一些，不如传统的耐用，颜料很容易裂开"。传统手艺流程中的上完色打蜡的环节却被他取消了，这也是为了适应木偶戏演出的实际需要。"以前唱戏在晚上比较多，一般只能用土油灯，光线很暗，打蜡的木偶看起来很漂亮，很新，吸引人。现代木偶唱戏都用灯光，已经很亮，一打上蜡，木偶就反光得厉害，看久了观众的眼睛会难受。"他说。

工艺上的精益求精根本上还是为了保证木偶戏演出的实际需要。"戏班里刻够了一套木偶，除了定期修补，几代人、上百年都不用重新刻。我可以保证我的木偶颜色放上100年也不会褪，红色还是红色，白色还是白色。"徐竹初对此颇为自信。也正是因为精致的做工，保存时间长，他的作品为世界各地博物馆争相收藏。2003年，新加坡国家博物馆专门开设了"徐竹初木偶艺术专馆"进行展览。"2011年3月国家博物馆开馆，跟我要200件作品收藏。中国美术馆已经收藏了100多件，现在还在要。"他说。

传承

布袋木偶戏什么时候在漳州出现并没有确凿的史料记载。《漳州府志》卷三十八《民风篇》曾记载：南宋绍熙元年（1190），著名理学家朱熹知漳州时发布《谕俗文》称："约束城市、乡村，不得以禳灾祈福为名，敛掠财物，装弄傀儡。"事隔 7 年，朱熹弟子陈淳亦呈文禁绝傀儡等社戏："某窃以此邦（漳州）陋俗，常秋收之后，优人互凑诸乡保作淫戏，号'乞冬'……豢优人作戏，或弄傀儡。"傀儡虽指木偶，但并没有说明是布袋木偶。不过，漳州乡村至今仍然保留着在节日里全村集资请布袋戏班为神佛演戏的传统。"演一出戏不过四五百块钱，土地公生日这天一定要演戏，据说会给全村人带来好运气。中元节演戏可以祈求祖先保佑后代，让恶鬼不敢随便祸害百姓。谁家盖了新房，谁家生了孩子，谁家娶亲，谁家死了人也都会请个布袋戏班到村里来演戏，说木偶可以辟邪。"徐竹初回忆，新中国成立前他父亲从业的时期，漳州地区应该活跃着至少二三十个布袋戏班。然而布袋戏虽然广泛流行，木偶雕刻艺人却过着并不宽裕的生活。"戏班办好一套木偶就可以用上几代人，只是偶尔修补一下。所以木偶雕刻师傅或是兼职，或是还要做其他的工作。我父亲不仅做木偶，平时还要帮助寺庙雕刻佛像，他还会彩扎，当地人都知道'天然'号的舞龙、舞狮手艺好，现在还找我弟弟修补。过年之前，我们全家还要帮着他赶制小孩子的泥偶玩具，然后像小贩一样到街上抢一个好地方卖。"徐竹初说。

"文革"10 年，布袋戏和布袋木偶与所有传统艺术一样被当作

徐竹初制作的木偶头

"封资修"，漳州市木偶剧团被解散，团内所有徐竹初的木偶都被烧毁。徐竹初说，"红卫兵"不仅抄了他家，还把其余几家民间戏班都抄了。"家里前几代人留下的木偶也都被烧了，我趁晚上天黑的时候，偷偷去火堆里扒，拣回来几个还没完全烧掉的。"从1964到1979年，正值壮年的徐竹初15年没有再刻过传统木偶。"'四人帮'被打倒后想要恢复，可是什么都没了，只有靠着脑子里的回忆，一点一点重新做。"

回忆自己大半生的经历，徐竹初说，比起他的祖辈，他经历了很多"没想到"的事。"我能够靠自己的能力盖起一栋楼，这是过去我的先辈不敢想的，当年我父亲的工作室只是买的一间马棚。以前，我父亲的作品只能给布袋戏班演出用，没想到现在我的作品可以作为艺术品被这么多国家的博物馆收藏，可以作为国家礼品送给各国政要和名人，也没有想到我这样的木偶艺人可以被那么多国家领导人接见，还可以去参加世博会，把木偶艺术向全世界传播。"在他看来，这也许正应了弘一法师为他取的这颇为吉利的名字："竹子的初期是笋，笋碰到阳光雨露生长得很快，而且竹子不论什么条件都生长得很快，很倔，它不娇气。"

于是，现实出现了与父辈时相反的情况：作为木偶雕刻师的徐竹初获得了身为传统手工艺人的自豪感，布袋戏本身却在漳州这片文化土壤中逐渐萎缩。从1997年招收学员至今，徐竹初门下进进出出的学生不下30人。"有些觉得太苦转行了，有些学了些皮毛就自立门户去了。"现在还在艺术馆跟着学雕刻的只有陈基林一人。这个1986年出生的小伙子来得也颇为偶然。"我有个朋友是做模具的，当时老师这里刚好缺学徒，我就跟着朋友过来看。当时很惊奇，一块木头怎么就能雕成这样？觉得很神奇。后来就这样一直留了下来。"陈基林每月的工资只有1000多块钱，他坦言，并不能靠这行挣钱，"只是一种爱好"，不过这个"爱好"并不包括对布袋戏。"戏文真的听不懂，讲的是闽南语没错，但我们这一代人并不像老人家那样什么词都会讲，很多意思表达不清楚时就变成了普通话。所以知道说台上演的是《三国演义》，但看到的只是两个木偶打进打出，具体说的什么事根本不清楚。"在陈基林眼中，像师傅那样熟悉戏剧内容并不非常重要，手中雕刻的"魁星"是神仙还是妖怪他一直没有搞清楚，"除了戏曲中的行当，不是还有杂类吗？我自己搞创作可以从这方面做"。

布袋木偶也在脱离布袋戏的实用价值，转向工艺礼品发展。"新中国成立初期做一个木偶只有一两块钱，现在市价一般也不过四五十块钱，靠这个吃饭是要饿死的。我们每天出的活儿有限，做一个礼品木偶可以抵得上做二三十个演戏木偶的价钱。师傅又不会偷工减料，所以只有那些识货的班主才会来我们这里买，演一台四五百块钱的戏要六七个人分的班子怎么舍得到我们这里来买木偶？"陈基林说，他手上雕刻最多的是关公，"都不知有多少个了，很多人喜欢，摆在家里或者送给朋友庆祝开业"。木偶成了漳州一带很流行的高级礼品。

漳州市区也没有布袋戏的固定演出场所。"漳州市木偶剧团主要是到外地、外国去巡演，因为本地观众看的太少。"漳州市文化局退休干部吴国星对我们说，"只有到远一些的乡村还有些比较粗的民间班子在表演。""为婚丧嫁娶请戏班那都是老皇历了，只有为神佛演戏的传统还有。"陈基林说，"年轻人都不去看的，露天的舞台，一般只有村中上年纪的老人和那些学龄前凑热闹的小孩子。"

后记

去采访徐老先生时，我还是个刚离开校园不久的媒体新人。凭着偶然在网上看到的一些生动有趣的木偶头图片，就四处打听徐老先生的联系方式，然后贸然地打电话过去请求采访。

作为一个北方人，那是我第一次去漳州，也是第一次去闽南地区。12月，依然温柔的阳光，略微潮湿的空气，斑驳的老街巷和街边的植物融为一体，升腾着一种带有时间痕迹的生命力。

这印象与我初见徐老先生时的感觉是一致的：那么温和沉静的人，手中的刻刀却充满力量，呈现着神鬼人三界和嬉笑怒骂百态。后来采访的经历多了才发现，老一辈手艺人多数都是这样，唯有谈及他们手中的"宝贝"，温和平淡的脸才会刹那间绽放出生动的曲线，眼睛散发出活泼的光芒。

采访中，我印象最深的是问他600多个木偶形象，哪个刻画起来最难。他说神鬼容易，做人难。尤其是小生、小旦这些面目清秀的，性情的分别只在眉眼的毫厘之间。意料之外，也是情理之中。现在想来"画龙点睛"的成语绝不是虚言，哪一种艺术形式，不是艺术家在将自己的人生阅历倾注其中呢？

"阅历"来得难，"倾注"时更难。像徐老先生这样的老一辈手艺人，终其一生都在做这件事。现在想来他们终有大成，特别重要的一个前提，

徐竹初在制作木偶

是从来没有为"命运"而纠结。徐老先生是家族的第六代传人，从小就表现出令人惊艳的才华，他原本有机会北上美院，但最后为了家庭继续留在漳州。在他身上，看不到任何犹豫或者怨怼，采访中能够感受到，木偶雕刻手艺人的"身份"是他对自己明确且坚定的身份认同。

拥有更多"选择"就一定是好的吗？我们这代人在追求个性自由的浪潮中成长，却往往首鼠两端，让岁月在迷茫或者投机中虚度。时代在变，生活愈发回归本质，现在来看，更早认识到自己的"命运"是重要的，也许它并不高大上，却可能通过时间的锤炼，让我们收获长期的幸福感和成就感。

写此后记时查阅新闻，徐老先生离世前依然活跃在漳州传统艺术传承与推广的事业上：自掏腰包教职校的孩子们雕刻，为国内外友人展示传统技艺，前几年还把作品带到国家博物馆展出……漳州的朋友告诉我，他家就住在徐老先生的木偶艺术馆附近，即便是疫情反复的日子，也总有布袋木偶戏在街边咿咿呀呀地演出着。

手艺的传承与创新，离不开滋养它的土壤。在家乡的风土中，布袋木偶是艺术品，更是鲜活的人间烟火气。能够毕生钻研一件自己喜欢，又被家人、世人认可的事，徐老先生真是个幸福的人。

常州白氏留青竹刻

常州留青，有徐、白两派，徐门写意，白门写实。白士风被尊为当代留青竹刻大师，确立白氏门派，大约在20世纪70年代末。他花3年时间刻成竹简《孙子兵法》，全套共13篇6000多字，放在地上排开约9平方米，在竹刻史上堪称精工巨制。新加坡藏家以3万元从常州市工艺美术研究所买走这件作品，几年后中国台湾地区藏家又以60万元收藏，在那个年代真是天价。

天下留青看徐、白

笔筒、臂搁这类竹刻器，在古玩行属杂项，所谓"竹、木、牙、角"器。虽然近两年在拍卖市场价格也涨了起来，从前却是不值钱的，多半是文人收藏当案前清玩。常州在历史上本也算不上江南竹刻中心，嘉定竹刻和金陵竹刻才是从明万历年间起就有盛名，可惜它们在清末开始衰落，百年里几乎没再出现可撑起一门一派的大匠。吕舜祥在《嘉定的竹刻》一文中写到它传承微弱的原因，正是盛极而衰："刻件全成商品，竹人变为竹贾，除少数人在家制作外，大多数公开设肆营业。设肆营业，并非坏事，但只知赚钱，诸凡随便，不求精工……致技术有退无进。"

反倒是常州，传承了明代高手张希黄的留青竹刻一脉，近几十年能被海内外公认为开宗立派的竹刻大家，大都出在这地方。收藏家、竹刻鉴赏家王世襄在专著《竹刻》中列举当代留青竹刻五杰，常州占了4位：白士风、徐素白、徐秉方、范遥青。20世纪中期徐素白客居上海，和江寒汀、唐云、程十发等画家相交很深，他的竹刻画稿多半

常州留青写实一派宗师白士风（白坚仁供图）

来自这些名家。明清留青竹刻家雕刻中国画稿，一般只有两三个层次，到徐素白，被人推崇的是能以留青的厚薄来体现中国水墨的浓淡层次，所以成了留青写意一代宗师。

白士风比徐素白小十几岁，一辈子居常州，在刀刻技法上达到了很高境界，把留青传统的精工完整承袭下来，成为写实一派宗师。和徐门比，白门传人都没有离开过常州本土，甚至足迹不出乡里，带着浓厚的民间色彩。"徐素白在上海客居，受海派文化影响更深，海派的特点就是把文人气和市民趣味融合。白士风不出乡里，专心享受手下刻工，到他那种境界，技艺本身产生美感，极致的匠气反而是好了。"常州市戚墅堰区人大常委会办公室的承公侠向我介绍道。20世纪80年代中期他在《常州日报》当记者时开始关注留青竹刻，和两派传人都有交往。

白士风代表作

留青竹刻史

日本正仓院藏有一把中国唐代竹制尺八，是目前发现的最早留青刻件，至今完好无损。到明代后，留青竹刻逐渐从附属于实用工艺的范围里分离，和文人画稿结合，成为独立的雕刻艺术。艺人的刀刻技法也因此变得丰富，据说一件精工的留青臂搁刻完，竹块要在刻者手中转上几万圈。留青竹刻和中国书画关系密切，文人和名匠唱和，使得它逐渐有了雅名。浮雕外形，浅刻刀痕，竹皮、竹肌层次丰富，加上书画笔墨和格局，好的留青作品可以像名人书画一样供收藏者反复把玩欣赏。

一门民间手工技艺的发展传承，不能少了名匠，也还必须有一两个真正喜爱这门技艺的文人或藏家全心参与。对于常州留青竹刻，鉴赏家王世襄和香港地区竹刻收藏家叶义是最重要的两个人。叶义是一名医生，他在20世纪70年代中期开始搜集有意趣的竹雕，所好大部分是笔筒和香筒。1978年，他的藏品已经很丰富，他在香港艺术馆举办了一个展览，展出211件精品。随后他和当时担任香港艺术馆馆长的谭志成合著《中国竹刻艺术》，这上、下两册书至今还是研究中国竹刻的权威资料。80年代初，叶义还曾专程从香港到常州，寻访留青竹刻艺人和作品。王世襄人在北京，但和很多地方上的民间刻竹高手都保持书信往来，对常州的白士风尤其推崇。白士风的儿子白坚仁回忆，王世襄和他父亲有一段时间通信频繁，每回谈的都是授徒和出书两个话题。他拿出一封1977年6月24日王世襄的来信给我翻阅，长达5页，信中写道："您的水平确实很高，当代可以说是凤毛麟角了。近80年刻留青的，不能算少，但运用多留少留青筠以生阴阳浓淡晕褪变化的实极少，尤其可贵的是两人打破臂搁、扇骨等框框，可以说先得我心。……可能由于我的偏见，可能因于我厚古薄今，我总觉得严格说来，清中期以后竹刻退化了，许多刻法没有人搞了。……我一再强调要恢复古代技法，现在看来不要说已失传的刀法难以发掘，就是当代老艺人的本领也难有传人。"1985年，王世襄撰写的《竹刻艺术》再版，他将自己评论白士风作品的《老树绽新花》的文章原稿随信寄去常州，请白士风本人修改补充，白士风也真的按照自己见解，用红笔工整添加了一些词句，两人交往间并没有什么拘束。

白门授徒

画师丁竹和白士风合作了 35 年，他把两人的关系比作琴师和角儿。"白士风是常州东门外雕庄人，那里村民大多以竹为原料雕刻扇骨、鸟笼、麻将牌谋生，民间有竹刻传统。"丁竹说。刻竹艺人，尤其是留青刻手，多半从刻扇骨开始。因市场需求量大，民国时期上海和苏州一带开了不少扇庄。白士风有个同乡王根甫在上海做扇庄生意，白士风就跟他学刻扇骨。20 世纪 40 年代，白士风从上海回到雕庄，愈加痴迷留青，刻工也慢慢入了境界。那个时期的文人大都还有玩赏竹刻的习气，江南士大夫从明清以来就有结交名匠的风气，白士风的家和常州书画世家钱小山等人家只有一河之隔，白士风在和他们一来二往中得到熏染和点拨，十几年时间，完成了从工匠到大匠的转变。

1960 年常州组建工艺美术研究所，在工厂当机修工人的白士风作为民间竹刻高手被调入。丁竹跟我说起，要讲认真做活，没人比得上白士风，拿到一张画稿要琢磨好几天才动刀，刻工越到后期越工细，"他不是不能写意，但他坚持了自己工细的特点。比如他擅长的梅花题材，早期他全部阴刻，中期改花蕊阳刻、花瓣阴刻，到最后全部采用阳刻。没人敢像他这样不惜心力"白士风被尊为留青竹刻大师，确立白氏门派，是在 20 世纪七八十年代。白坚仁收藏了他父亲的一件花鸟臂搁《八哥海棠》，由画家唐云画稿。展示在我眼前的原物，花瓣柔纤仿佛有香气沁出，鸟儿活灵活现，每一根羽毛都好像触手可及。这件臂搁可以说是白门传统精工的一件代表作。白士风在刻工上恪尽传统，在形制上却喜欢创新，他把过去比较单纯的臂搁、笔筒，扩展到用红木镶嵌

范遥青的作品

　　的横台屏、扇形挂件，把留青竹刻在民间的生存空间扩大了很多。

　　白氏门下，最有名的是大弟子范遥青，王世襄曾专门写文章称赞
他的作品，"农民竹刻家"的名号让他在八九十年代的竹刻界很有几
分传奇味道。我去见范遥青那天，常州下着雪，老人从雕庄乡下赶来，
说一口常州方言，听力也不好，借助笔谈才能交流。那段时间他正到
处搜集资料，想为常州留青竹刻申报非物质文化遗产。范遥青算是带
艺投师，跟随白士风学习那年，已经近40岁了，契机也很偶然。1980
年常州市工艺美术研究所接下福州一个外贸订单，因为量太大，临
时从外面招收刻手帮忙，精于鸟笼雕作的范遥青是其中一个，没多
久，他就拜了白士风为师专攻留青。他的成名也有些机缘巧合。1981

年，师父白士风用一件竹刻小品，从香港藏家叶义手中换得一套《中国竹刻艺术》，范遥青羡慕得很，便也精心刻了一件林黛玉臂搁，想寄给叶先生也换一本书，"常州邮局不给寄，赶到上海邮局也不让寄，说我没有外贸订货单。最后托了朋友的亲戚带到香港"。没想到叶义对这个无名刻家的作品非常喜欢，编写新书的时候就把它收录进去了。王世襄看到书后，向叶义打听，知道白士风收了这么个弟子。"王老写了一封信，请师父转交给我。那时我已经离开常州市工艺美术研究所，回雕庄包了8亩田种地，人送信来的时候，我正坐在乡下的谷坪里晒太阳。"农民身份，为范遥青竹刻技艺的精到添了一层光环，收藏家、老革命家李一氓写文章赞他的作品"刻画极精，神采焕然，精到之处，不比明清的竹刻名家差"，一时间让他名声大震。范遥青是个聪明人，在王世襄指点下，他除了刻白士风擅刻的花鸟人物，也刻意突出自己的乡野风格，白菜萝卜都入画，将留青和自己原来擅长的深雕、陷地雕刻结合起来。2003年11月，嘉德拍卖公司秋拍专设王世襄收藏专场拍卖，很多人慕王世襄的名气，不惜重金，高成交价轰动收藏界。范遥青送给王世襄的一件留青臂搁"山林雉鸡图"有幸也在拍品中，估价2.5万元，最后被人以15.4万元高价买走，他由此名气就更大了。香港作家董桥也好收藏一些有文人意趣的杂项，他在一篇文章里提到，自己书房里有一块常州范遥青的"晴雯"臂搁，朋友见了极喜欢，说他有范遥青刻的花卉笔筒，没有他刻的仕女，要董桥帮忙写信问范遥青肯不肯替他也刻一件"晴雯"，"我说试一试，遥青有艺术家脾气，未必肯"。可见范遥青竹刻在港台地区藏家中是有

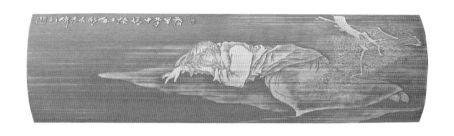

王志伟和他的两件臂搁作品。工细花鸟人物是白门传统题材

些名头的。

　　白士风从工艺美术研究所退休后，晚年从城里住回老家雕庄白家村，收了最后一个徒弟王志伟，当年拜师的时候不过11岁。王志伟家和白士风家相邻，8岁那年父亲就带他去拜师，白士风没应，不让磕头，只准叫老师，不准叫师父，"他捡了一点边角竹料给我，简单教些基本刻法，就让自己练去。我天天去他家看学，然后回家刻着玩，三年之后老爷子看我刻的东西稍微有点模样了，这才让正式磕头拜了师"。拜师之后就不一样了，不再是想刻什么就刻什么。先训练勾线铲底，基本功一练就是两年，然后教刻花鸟山水，也不手把手，多半时间是站在师父旁边看和悟，"一件臂搁刻到一半，师父会停下指点

几句。别人刻梅花，花蕊多用阴刻，我师父都用阳刻，丝丝缕缕极尽心"。

留青所用竹料有特殊要求。竹青层经处理后，会变为淡米黄色，光滑和雅致的感觉近似象牙，颜色更深些的会像琥珀。保存的年份久了，竹肌层从淡赭转深并透出层次，和竹青部分形成深淡对比。刻竹取材有专门学问和特殊要求，清人封毓秀就把留青取材形容得比挖人参茯苓更不易，"取材幽篁体，搜掘同参苓"。刻竹人虽然每次入山取竹不过两三根，却有极精微的讲究。常州一带留青用竹，多半就在江苏宜兴或安徽广德取材。王志伟十五六岁时随师父去安徽广德山中采过竹，印象极深："寒冬腊月采竹最好，这时节竹子长得慢，质地细密。选用阴坡生长的竹子也是这个道理。"王志伟说他师父喜欢用三到四年的竹子，要求表面平整光滑，竹斑少。普通的采竹，砍伐后会将竹子从山上滑下，省时省力；他们选好了竹子，却得雇人从山上扛下来，免得划伤竹青。将竹子加工截成竹段后，用麻布分别包好，防止在运输中磨损了竹青纹理。回家后架锅煮沸，将竹段放进去煮上两个小时，防蛀，以后也不易开裂。捞出后不能放到阳光下晒，要将竹段竖立在阴凉通风的地方晾干，放置两年左右，等到颜色转深后再用来雕刻。

后记

留青圣手张希黄

明代中期起竹刻就分出了很多流派，比如嘉庆朱氏刻法以深刻作高浮雕或圆雕，濮氏刻法则以浅刻为主。留青竹刻又称"皮雕"，实物考证目前所见最早的留青竹刻实物是唐代乐器尺八，藏在日本正仓院。整支尺八长 43.6 厘米，布满留青雕花纹饰，有仕女、花卉、树木、禽蝶等，但这种留青竹刻和明末清初张希黄开创的留青竹刻并不相同，后者工艺较为复杂，技术要求也高，雕刻中需在极薄的竹筠上，以皮层的全留、多留、少留来刻画图案色调的浓淡变化和空间感。

张希黄籍贯浙江嘉兴，也有说是江苏江阴。他有绘画功底，刻竹技巧又极高，能在作品中将绘画与竹刻融为一体。他的留青竹刻以图案精美、刻工细腻、运刀如笔、流畅奔放而闻名，但传世不多，其中楼阁山水笔筒最精。上海博物馆收藏了一件张希黄山水楼阁图竹筒，高 10.3 厘米，径 5.9 厘米，所雕近处建筑栏杆、窗格精致细巧，远山逶迤连绵，方寸画面却极见深远。留青竹刻的传统形式有臂搁、屏芯、笔筒、香筒、诗筒、扇骨、虫具、文具等，尤以臂搁居多。

艺术品市场的竹刻

竹刻的日用商品功能到今天已经基本被剥离，消费群体集中在艺术品市场，这个特征在文人气息浓厚的留青品种上体现得最明显。

有历代名家刻款的身价不凡，超百万元成交的往往是这类作品。2002 年秋，香港佳士得推出张希黄款"康熙竹刻留青山水人物图笔筒"以 159 万元成交。2004 年秋拍香港苏富比的清初竹刻高士登山图《蜀道难》题诗笔筒以 166 万元成交，同时推出的清代周芷岩制款的竹刻瀑布图笔筒，成交价 155 万元。2005 年春，香港佳士得一件清代竹刻名家顾珏的竹刻笔筒拍出了 1045 万元港币的高价，应该是目前竹刻拍品中价格最高的。

海上顾绣与戴明教的传人

2007年12月29日，上海博物馆的"海上锦绣——顾绣珍品特展"开展，展出200余件顾绣作品；自明代崇祯时期之后，这是韩希孟和缪瑞云等顾家女眷的作品第一次以展览的形式与公众见面。馆长陈燮君说，这个展览"不是小题大做，而是大题大做"。

海上顾绣

韩希孟如果活在今天，估计要被冠以"沪上名媛"的称号。她婚姻成功，丈夫顾寿潜是名门之后——顾寿潜的爷爷顾名世，明嘉靖三十八年（1559）的进士，官至尚宝司丞，曾在内宫管理宝物。顾名世的哥哥顾名儒，官至邓州知府。

韩希孟还有艺术修养。顾寿潜喜欢画画，他的老师是晚明的著名画家董其昌；韩希孟也爱画画，只不过她拿的不是画笔，是绣花针。董其昌看了她的绣品很惊讶："有过于黄荃父子之写生，望之似书画。……人巧极天工，错奇矣。"董其昌称韩希孟为韩媛，自此，人称韩氏的作品为"韩媛绣"，因她是顾家女眷，又称为"顾绣"。

顾家女眷善刺绣，在晚明一代的松江府早已是段公开的佳话。韩希孟丈夫顾寿潜，在崇祯七年（1634）给韩刺绣的《宋元名迹册》上写了这样的题跋："廿年来……赝鼎余光，犹堪令百里地无寒女之叹。第五彩一眩，工拙易淆。余内子希孟氏别具苦心，常嗤其太滥。甲戌春，搜访宋元名迹，摹临八种，一一绣成，汇作方册。""廿年来"，说

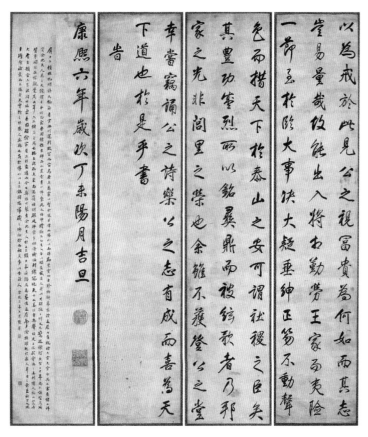

康熙六年歲次丁未陽月吉旦

下道也於是乎書
者

幸嘗竊誦公之詩樂公之志有成而喜為天

其豐功盛烈而以銘彝鼎而被絃歌者乃邦
家之先非閭里之榮也余雖不獲登公之堂

色而措天下於泰山之安可謂社稷之臣矣

一節至於大事快大題垂紳正笏不動聲

堂易量哉故能出入將相勤勞王家而夷險

以為戒於此見公之視富貴為何如而其志

露香园顾绣董其昌书《昼锦堂记》（节录）

明在 1614 年，顾家女眷的刺绣已经出名了。

有史可考的顾家最早善刺绣的女子，应当是顾寿潜大伯的姨太太缪氏——顾名世的长子顾汇海，某年于吴地娶一妾缪氏，缪氏善绣，绣的却不是日用的香囊衣带，而是宋元名家的书画。崇祯年间的姜绍书在《无声诗史》中，称缪氏"刺绣人物，气韵生动，字亦有法，得其手制者，无不珍袭之"。清康熙二十七年（1688），松江状元戴有祺在《寻乐斋集》中断言，顾绣始于缪氏。

在缪氏存世的作品中，有一方款识为"缪氏瑞云"。这款作品和韩希孟的《宋元名迹册》，数百年来都是难得的珍藏品。

画绣，传自内苑

顾家的绣品有多好？《胡雪岩全传》里演绎过："缪姨娘在这方面有天才，更加改良，益见精妙。五色丝线擘，细针密缕，颜色由浅入深，浑然一体，配色之美，更不在话下。最见特色的是，顾绣以针代笔，以丝线作丹青，以名迹作蓝本，山水、人物、花鸟，无不气韵生动，工细无匹，当时称为'画绣'。缪姨娘曾经仿绣赵子昂的《八骏图》……又绣过一幅《停针图》，真是穷态极妍，而且无法分辨是画，是绣。后来由扬州的一位盐商，拿一个汉玉连环及南唐名家周昉作画的一幅美人图交换了去。"

上海博物馆的这次顾绣展，让陈燮君甚为得意，他说，许多收藏家看了这次展览，都感叹："总算知道了什么叫顾绣。"

《胡雪岩全传》里说顾绣是"画绣"，并没说错。上海博物馆工艺研究部主任包燕丽介绍，中国刺绣从唐宋开始分为欣赏绣和实用绣两大类。实用绣绣的是衣带、帐子、围巾，为日用品而绣。而顾绣属于欣赏绣中的闺阁绣花，即大家闺秀纯粹为欣赏而绣制的作品，不以营利为目的。画绣和闺阁绣起源于宋代，当时皇宫内设文绣院掌管刺绣；徽宗时设立绣画专科，汇集全国各地绣工以工笔花鸟为蓝本进行

《韩孟希顾绣花卉虫鱼册》之《游鱼》

刺绣，并应用新创作的各种针法极力模仿绘画的笔墨技巧。

顾绣完全具备"宋人之绣"的特点，亦绣亦绘，画绣结合；有时先在底面上施以墨彩，再绣边线表现物体形象；有时则在绣好的作品上加画，所谓"以针代笔，勾画自如，凡笔之不足，则针能独到。以线代墨，点染浑成，凡墨有晕缺，则线能补齐"。顾绣的针法，也是在继承宋代各种绣法的基础上，集针法之大成：共有齐针、铺针、接针、

旭日朝霞光彩異碧

梧翠竹凤凰楼

《凤凰双栖图》

戗针、钉金、套针、刻鳞针等十几种。

"海上锦绣"展出的上海博物馆藏《顾绣东山图》，山石、衣服、树木、马匹、亭子均先绣轮廓后赋彩，人物五官则是描成。而上海博物馆藏《韩希孟顾绣花卉虫鱼册》中的《湖石花蝶》，湖石用灰绿色粗线以直套针绣出，坡地用缠针法绣边框，再赋彩。花朵也用套针，双蝶用劈得极细的色彩交替施绣。《游鱼》中，鱼和水藻用散套针，水面赋淡彩晕染。展品中有一套故宫藏《明顾绣十六应真图册》，用墨色丝线绣出轮廓，再针对不同对象施以不同针法，如孔雀羽毛等用鸡毛针和刻鳞针表现，头皮上每一根发丝都丝厘不差，令人完全分不出是画还是绣。

《顾绣考》认为，顾绣技法源于内苑，"其劈丝细过于发，而针如毫"。展览中亦有一幅《明顾氏七襄楼发绣人物图》，包燕丽介绍，开展时在显微镜下观察发现，这幅画是将头发劈为三四根丝后才绣入的。事实上，顾绣的材料不只有细丝和头发，还有其他天然物质。南京博物院藏顾绣观音坐像，"下面的蒲团采用富席草，上面用细丝编绣而成"。而另外一幅《凤凰双栖图》，为了展现凤凰羽毛的挺括和光泽，在丝线中杂了马鬃。

顾绣与晚明风尚

顾家最出名的，除了刺绣，还有园林。清代后期托名"顾绣"的作品，都喜欢加一方款识，叫作"露香园绣"。这露香园，便是顾家的宅地。乾隆年间的《上海县志》记载，顾名世与顾名儒退休后，在当时的上海县西北盖起了两座宅第，顾名儒的宅第在西边，叫作"万竹山居"。顾名世在筑园时，"穿池得石，有'露香池'字，遂名"。据说盖这宅子的时候，在地里挖出一块石碑来，上面题写着"露香池"三个字，竟是赵孟頫的笔迹，顾名世大喜，就这样将这园子命名为"露香园"。

顾绣产生在露香园内，并非偶然。上海博物馆副研究员华慈祥在展览期间为市民开讲座，标题是"顾绣与晚明风尚"，在他看来，顾绣的产生，正是晚明士大夫将生活艺术化的具体体现。

退休的官员回家筑园，在当时是风尚。明末吴履震《五茸志逸》记述了松江一带筑园情况："近世士大夫解组之后，精神大半费于宅第园林，穷工极丽，不遗余力。"顾氏的露香园就是这样一处怡情养性的胜地，其建园历时10年，耗资数万两，花园占地40亩，与豫园、日涉园合称"明代三大名园"。"当时士大夫有闲阶层的生活风尚趋向于艺术化，文人流行避俗之风，以耽情诗酒为高致，以琴棋书画为闲雅，以禽鱼竹石为清逸，盛行清客、韵士，有林园之趣、古玩之好和品茗之癖。其中，部分富有的江南士人好游山水，竞筑园林，追求一种恬淡闲适、悠然自得的艺术化的生活情趣。"华慈祥说。

艺术化的生活自然需要"清韵之物"相配。这清韵之物既要包括一般园林书斋共有的古玩图书、家具陈设和文房器具，又要有"时玩"。在华慈祥看来，"时玩"就是"fashion"。

明代之前，达官贵人推崇古玩，但明代的特殊之处在于，文人雅士们并不唯古是好，反而是在古物基础上有创新的东西才抢手，如永乐之剔红，宣德之铜器，成化之窑器。到了中晚期，能显示自己品位的"清韵之物",变为竹刻、紫砂壶、犀角等"有实用性的艺术品"。它们大多被放于文人案头,显示自己的艺术修养和生活品位。

而最能显示自己的品位和修养的,莫过于自己引领风尚,因此最出挑的,就是要有自家独有的名物。《顾绣考》中记录了一段顾名世对客人的谈话:"公(顾名世)微笑曰:'……长子汇海(顾箕英)承袭先人余荫,豪华成习,凡服食起居,必多方选胜,务在轶群,不同侪偶。园有嘉桃,不减王戎之李;糟疏佐酒,有逾末下盐豉。家姬刺绣,巧夺天工。露香园及其嘉桃、糟疏、刺绣,乃由座上佳客之揄扬,而名震天下矣……'"可见当时露香园内,"嘉桃、糟疏、刺绣"是顾家自产的三大名物。

韩希孟本人,已经是很好的画家。她的《藻虾》,由于年代久远,绣线脱落,却显示出底下先画就的水墨图画。她绣这套东西,未必没存着好强的心。她苦心孤诣,就是要显示自家的工巧,对比别家的拙。她绣这方册,绣得极讲究,心情不好时不绣,天气不好时也不绣:"风冥雨晦,弗敢从事。往往天晴雨霁,鸟悦花芬,摄取眼前灵活之气,刺入吴绫。"每幅作品往往"覃精运巧,寝寐经营,盖已穷数年之心力矣"。

穷数年之力绣出一套方册,绣好后便请人来游园赏玩。顾寿潜在《宋元名迹册》的题跋中不无得意地提到:"甲戌春……汇作方册(指《宋元名迹册》),观者靡不舌拆手舞也……宗伯董师(董其昌),见而心赏之,诘余:'技至此乎?'"

显然,这叙述了一次在露香园中的文人雅集。时间是在崇祯七年

（1634）的春天，斯时，韩希孟已完成《宋元名迹册》的绣制，并将其装裱成册。于是，顾氏以园中美景和韩希孟《宋元名迹册》雅集文士，韩氏的妙技引得董其昌为首的文士瞠目结舌，大呼"技至此乎"！他们一面赞叹夫人的当今绝技，一面感受宋元名画的气韵；一面欣赏着露香园的美丽春景，一面品味园中的方物名产，所谓艺术化的生活风尚就在此时此地。

顾绣的散佚

顾绣所费的丝线、底料均为精选上品，作为临摹蓝本的唐宋字画，一幅也非常昂贵；而顾氏儿孙"服食起居必多方选胜"。韩希孟之后，顾家便迅速衰落。顾家男子多少将这衰落怪罪在女眷身上，曾愤言："奈何一旦寄名汝辈十指间，作冷淡生活。"

露香园于明末荒废，被后人典卖，成为兵营。入清后废园移为火药库。而顾家女子绣品，一度湮没。到了康熙年间，顾家又出了一位名绣：顾兰玉。顾兰玉是顾名世的曾孙女，她嫁给了松江一名读书人，然而婚后不久，丈夫早死。她24岁守寡，身边有一个儿子。为了生计，开始用家传的绣艺为富贵人家绣些活计，同时设帐收徒。清嘉庆年间（1796—1820）《松江府志》记载"女弟子咸来就学，时人亦目之为顾绣"，顾绣针法外传，顾绣之名传遍天下。

但也从这时起，顾绣开始作为商品出售。一些商家为了推销自己的绣品，都把自己的绣品称为"顾绣"。叶梦珠《阅世编》里说："后以仿效者皆称顾绣，绣品肆亦以顾绣相称榜，凡苏属之绣几无不以顾绣名矣。"

顾绣刚刚商品化时，价值昂贵。所以《红楼梦》第五十三回里才说："凡世宦富贵之家，无此物者甚多。"然而到了清代中叶，仿冒者太多，价值大跌。《阅世编》里记载："年来价值递减，全幅七八尺者，不过以一金为上下；绝顶细巧者，不过二三金；若四五尺者，不过五六钱一幅而已。然工巧亦渐不如前。前更有空绣，只以丝绵外围，如墨描状。"到了后来，刺绣的工人已经不仅仅是女子，还有男工；再到后来，也不仅仅只绣画幅，也绣衣裙了。难怪有人说，顾绣就是丝上的昆曲。

顾绣的现代传承

顾兰玉培养的绣娘，大多散落民间，今日苏绣与湘绣的技法，大多深受顾兰玉所授徒弟的影响。然而韩希孟时代的顾绣，已成绝响。

公认的新中国成立后第一代顾绣传人戴明教还住在松江，已经86岁，自13岁学绣，绣了70余年，创作了40多幅作品，身边留下的，也只有摆在客厅沙发上的3幅作品。

戴明教的顾绣学自20世纪30年代的松筠女子职业学校刺绣班，教师来自江苏南通，是得过巴拿马博览会金奖的沈寿的弟子。抗战爆发，学校南迁，学生星散，刺绣班被迫解散。"但这毕竟是顾绣发展史上的重要转折，标志着顾绣从家族的传承转为社会的传递。"松江区委一位亲历顾绣保护过程的干部如此说。

戴明教1972年进入松江工艺品厂的刺绣车间。那时周恩来号召抢救民间艺术，戴明教带了20多个女学生。这一时期的顾绣，统一落款

戴明教

为"上海顾绣",很多作品到海外展出,有的被博物馆收藏。戴明教在工艺品厂一直绣到 70 岁,发展了顾绣中没有的品种——双面绣。

钱月芳是戴明教 20 多位女学生中的一位。目前,她是公认的顾绣第二代传人。她面对的问题,却和戴明教完全不同。

采访钱月芳是在松江电子仪器厂开放的一所度假山庄里,钱月芳曾经的身份,是松江电子仪器厂顾绣组的一名职工。

松江电子仪器厂和顾绣的关系,一直要说到20世纪八九十年代的国企改革。90年代,市场经济启动后,松江工艺品厂效益滑坡,顾绣被当作旅游纪念品出售,卖的价钱远远不抵制作成本。厂里的工人半年拿不到工资,终于破产。钱月芳所在的刺绣车间马上要解散。当时松江电子仪器厂的效益较好,于是在政府的协调下,顾绣车间和14位老师傅就转移到了经济效益较好的电子仪器厂。而松江电子仪器厂之所以会接下这个车间,据说和厂长郑大膺的家学有关,他的外公是南社社员姚鹓雏,与柳亚子、白蕉、邓散木、黄宾虹、丰子恺、沈尹默等一代名流过从甚密,互有酬唱,柳亚子还请姚鹓雏修改诗稿。

钱月芳非常感激这家仪器厂,在这里,她有一个工作室,带着8个姑娘。姑娘们年纪都在18到24岁,高中毕业就来跟她学技术,每个月拿着1000多元的工资。她们将是顾绣的第三代传人。

早上8点半,工作室的姑娘们就开始上班。钱月芳忙着张罗打开水,让姑娘们先洗手、灌暖水袋。南方冬天室内冷,手冻僵了就张不开,绣娘们最尊贵的,就是那一双手。钱月芳已经人到中年,一双手却细嫩洁白,比得上青春少女。钱月芳说,为了这份工作,她在家里都很少做家务。

做家务,手就容易粗糙,手粗糙了,劈线就容易毛糙。顾绣讲究劈线,一定要细,有时一根丝线要劈到64股;钱月芳说她绣过的最细的线,只是蚕宝宝吐出的两根丝。这么细的线,一天绣下来,也不过能绣半片叶子。一幅图绣下来，至少一年。一位姑娘当场拉出一根绣线来给我看，我看了半天，才在空气中找到了那根线，姑娘说，这已经是粗的了。"丝线质量的优劣与养蚕时的饲料、气候都有关系，蚕吃了质量稍差的桑叶，或饿了一顿，吐出来的丝就不行，就无法劈到64股。"钱月芳说。

绣花架的旁边，都放着画稿，那是清代宫廷画家郎世宁的一套花鸟图册，钱月芳认为，顾绣是很适宜表现这个题材的。之前，工作室绣过宋画，但效果不及近世的工笔画。据钱月芳说，除了工笔画，顾绣也可以表现写意画，前人就绣过齐白石的水墨画，能表现出水墨画的笔触、墨韵和层次感。

尽管现在的绣娘不太可能像韩希孟那样本人就是女画家，但美术功底是必备的。戴明教说，当年在女子职业学校学绣，第一课就是写生，窗上放着荷花和西瓜，女学生们一边画，一边闹成一片。

从写生、绣简单的花草到技巧熟练，至少要 3 年功夫，但要说到情怀和修养，那就不是学校、工厂和工作室能教得会的。钱月芳说，她下午要带姑娘们去上海博物馆看"顾绣展"。姑娘们好兴奋："看完就可以去逛街了。"都还是些孩子呢，手边的臂搁上贴着大头贴，手机上的链子五彩斑斓，对于她们来说，顾绣，也不过是份工作而已。

钱月芳也有很多苦恼，聊天的时候，她还是习惯性地称自己为"绣娘"，她关心的是，如何给顾绣传人评定工艺美术师的职称？做瓷器、紫砂、漆器的人都可评为工艺美术师，顾绣也是民间美术，为什么不能评？我们想拍些她原来的作品，她说没有带，只拿来了照片。她说她曾经潜心研究过很多顾绣的资料，但是"不能说"。她害怕说出来，见了刊物，就变成了公共资料，被人拿走了。

顾绣于 2006 年 5 月 20 日经国务院批准列入第一批国家级非物质文化遗产名录。2007 年 6 月 5 日，经文化部确定，上海市松江区的戴明教为该文化遗产项目代表性传承人，并被列入第一批国家级非物质文化遗产项目 226 名代表性传承人名单。自此之后，顾绣工作室层出不穷。在松江，除了钱月芳的工作室，还有松江区文化局的顾绣工作室；而在上海市内，以顾绣为主题的工作室、画廊也很多，有的地方找来的，竟然是北方的绣娘。有一阵子，钱月芳和戴明教之间都起了争执，"竞争很激烈"，钱月芳说。

今日的顾绣，还可能再产生出韩希孟那样的艺术家吗？拿这个问题去问陈燮君，他回答："顾绣的发展，要既有民族性，又有时代性。"

后记

2007 年年末，上海博物馆联合故宫博物院、辽宁省博物馆、南京博物院、南通博物苑和苏州博物馆共同举办"海上锦绣——顾绣珍品特展"，展示精美绝伦的顾绣精品。这个展览的背景，是 2006 年国务院将顾绣工艺列入国家级非物质文化遗产名录。本次展览，汇集了存世顾绣的代表之作，是自明崇祯时期以来，400 年间对于顾绣最为集中、最为完整和最具水平的展示。

说起来，我和刺绣还是有些缘分的。我家大伯母善绣，小时候，家里的门帘、沙发罩全都出自她手；我母亲作为一名职业妇女，虽然没有太多的时间投入女红之中，但闲来也能绣些花花草草。受二位女性长辈的影响，小时候我也给自己绣过手绢之类的小物件。在我家乡，至少在我小时候，能不能做一手好针线，是否会绣花，还是考量一个女孩"能干"与否的重要标准。小时候我身体不好，养病时就翻着我父亲的书看，那时我就注意到，古代女子，即便作诗，诗集的名字也往往取名为《绣余集》《绣余诗存》等等。我少年时对这类名字颇为不屑，觉得是封建道德对妇女压迫的又一铁证，明明那些女子的诗才不逊色于同时代的男性，为什么只能谦卑地把自己隐藏在"绣余"这样的名字后面？然而后来年纪渐长，闲暇时也会重拾儿时的"手艺"，绣朵小花小草玩玩，在一针一线中，重拾安闲心境。

可以说，"顾绣展"触动了我骨子里的这点 DNA，当我看到那些"远看似画，近看似绣"的珍品时，除了对工艺的惊叹，更多的是对女性创造力的感叹——即便受到封建教条的重重束缚，即便被拘束在深宅大院的方寸天地之间，女性的天分和慧心，依然创造了这样的奇迹。

走出博物馆，在整个采访过程中，我个人最大的感受，是"今昔之别"。这些年来，随着"顾绣"保护和宣传力度的加大，很多和顾绣有关的展览、商品再次在市场上出现，绣艺之精也都令人叹为观止。然而，细琢磨，这些绣品和缪氏、韩希孟、顾兰玉等人的作品总是差了些什么。差了些什么呢？可能就是那份不受工期制约的安闲，以及绣工背后的文化和书画修养。绣工可以复制，但那份文人逸趣和贵气却是复制不来的。这其实也牵扯到一个"非遗"工艺该如何保护的问题。封建时代，中国最好的匠人都是"御用"，作品都是国家买单的；当这种社会基础不复存在的时候，一个全面市场化的社会里，还能再生产出那样不计成本，不求回报，只是单纯追求美和卓越的作品吗？至少，我通过这个选题，并没能得到确切的答案。不过，这或许也再次说明了另一个道理，那些真正美好的事物，是超越时代的。

龙泉四老

2007 年底，一件南宋龙泉盘在英国嘉士德拍卖，成交价是 1700 万元人民币。相比景德镇，龙泉青瓷在业内更能代表中国瓷器的魅力。但明末清初，龙泉青瓷就走向衰落，技艺失传 300 余年。现今流传的技艺，其实只是民国时期的龙泉青瓷的延续。

徐朝兴

荣誉下的一号人物

徐朝兴提早半小时赴约，从出身贫寒、聪明的小学徒到劳模，到全国人大代表，他的人生道路是一条典型的计划经济时代的人才路。他现在戴瓜皮帽，黑色织锦缎棉袄上搭着红围巾，坐在自家古香古色的两层小楼里泡茶。"你来的时候，茶正好不烫嘴。"环视着满楼青瓷，他为自己一辈子的精准感到骄傲，"我还是每天早上五点半开始工作，到九点，此后一天的时间都要用来交际应酬。"

"我刚从'南海一号'的打捞现场回来，他们请我过去，让我看看龙泉瓷，我看了一个盘一个碗，数量上这次的发现是第一位的，此前只有 70 年代在韩国打捞的古船里大规模发现过。"因为龙泉瓷的文物珍品存世极少，除北京故宫和台北，还有极少量在海外。但徐朝兴只评价"釉色滋润，做工精细"，"我觉得我能做出来"，徐朝兴说，"我们现在的工艺和技术进步太多了"。

几乎所有有关龙泉瓷的荣誉都能在徐朝兴身上找到。不仅是龙泉瓷，

徐朝兴在他的工作室里精心修坯

徐朝兴还是浙江省青瓷协会的会长，国家级大师的称号 1996 年就拿到了，比其他几位早 10 年。刚被选为龙泉瓷"非物质文化遗产的传承人"，这才是最令他意得志满的荣誉，"这是唯一的"。

　　徐朝兴从 1999 年起"不拿国家工资"。他的地皮是龙泉市特批的，典雅的小楼，是龙泉当地最漂亮的私宅。"我借的银行贷款盖房子，很快就还完了，对我来说，我创作的黄金期是从这里开始的。"徐朝兴为龙泉瓷厂得过的奖状最多，但这些作品只有龙泉瓷厂的商标，没有他个人的印记。别人介绍他，总要先说，"他是李怀德大师的亲传弟子"。至于徐朝兴本人的家庭，则和龙泉瓷毫无关系。

根据龙泉博物馆的资料记载，1957 年，苏联专家在游览故宫时非常喜欢陈列的青瓷，要求买一个带走，周恩来找遍北京不得，才知道龙泉瓷失传已经几百年，于是指示恢复龙泉瓷的生产。

师父李怀德

徐朝兴进厂的时候，师徒传帮带，已经代替了血缘在手艺人中的作用。现在徐朝兴对李怀德谈得不多，"我是被厂里安排和他学习的"。《龙泉瓷厂厂志》的作者金登兴曾与李怀德在配方试制小组共事，他说，李怀德很聪明，虽然没念过什么书，但是看图制作瓷器放大的比例很准确。有一次，他们得到一本印有乾隆诗句的画册，李怀德可以照着画册复制出里面的瓷器。他的出身不好，当时厂里同事都不大和他往来，"在技术上，他是一把手，政治上不行"。徐朝兴是厂里重点培养的对象，厂里指定李怀德教徐朝兴，这样的收徒方式并没有让李和徐形成亲如父子的关系，两人不亲近，原因没人说得清楚。李怀德把釉料配方记在巴掌大的日历纸上。金登兴很惋惜地说，李怀德死了之后，这些配方就没有了。他的女儿双目失明，徒弟和他又不亲，配方没有传下来。

李怀德只是那个年代被推出的象征性人物，"其实他是私方代表，公私合营时签名字的"。李怀德实际是民国李家的当家，但一开始并没能加入新中国成立后的重造龙泉窑小组。其他几家的老艺人，待遇还不如李怀德，所以都没有正式收徒。这样，徐朝兴就成了20世纪50年代重造龙泉窑时唯一掌握手艺的年轻人。1959年在国庆节亮相以后，龙泉瓷入中南海紫光阁，被当作国礼不断向外馈赠，同时不断技术改革。

徐朝兴的家里还有一个1959年的国庆献礼盘子，确实精美。另一件徐朝兴的成名作，是70年代送给尼克松的"中美友好玲珑灯"，从景德镇的玲珑瓷得到灵感，只要釉，不要胎，是政治规格最高的一件作品。至于其他摆设在中南海或作为国礼的作品，徐朝兴都没有刻意提及。也有人认为，玲珑灯是李怀德的作品，但徐朝兴的东西确实越来越精美。徐朝兴说："我第一次见师父，他让我做一把木瓜壶，我说这个线条太难了，他对我说了一句话，'从现在开始，你就要沉下心来了'。这句话我在带徒弟的时候也说了。我的徒弟周武，现在是中国美院的陶艺系主任，第一次来见我，我让他刻一朵牡丹花。他刻了半小时就拿过来了，第一次喊我师父，我回头一看，刻得和鸡爪子一样。我说你没有4个小时，不要拿来见我。"

当代龙泉瓷的最高身价

在国营瓷厂时，徐朝兴最多能得点荣誉，但个人并不出名。到现在，他的作品是报价最高的，单件已经达到了100万元。我要看精品，徐朝兴并没有走向几面墙的博古架，而是转身进了自己的小书房，从一堆木盒子里挪出一个。一个圆圆的粉盒，直径30厘米左右，梅子青刻花，线条简单流畅，看不出神奇。徐朝兴一手托底，一手按盖，露出了得意的微笑，他两只手往相反的方向用力，粉盒却纹丝不动。"随便你怎么盖，盖上就扭不动，说明上下完全一致。你知道从 1300 摄氏度的高温里，得到这样的一致简直就是运气。"

当时带到展览上，徐朝兴给粉盒准备了布套子，"上下两个合得太完美，稍微有一点磕碰就盖不上了"。很多客户反而因此产生了兴趣，有人说要是倒水而不洒，就真是宝了。结果，随身带的矿泉水倒进去，不论怎么摇晃都没有出来。徐朝兴本来想卖掉这个粉盒，"我从来没听过拿水试的办法，这么一试，我倒不想卖了"。但价格已经出到了 100 万元，此前徐朝兴最贵的一件作品是 70 万元。他说："我现在的车是尼桑。我也很想换辆宝马开开。于是我和他们讲，让我回去再做一个，只要能一样，我就卖掉盒子换宝马。"

结果，徐朝兴再也没能做出一样的盒了。"我是诚心诚意做的。但做瓷这件事很奇怪，和人的心情、想法都有关。我做瓷的时候，绝对不能受任何干扰。昨天有个老同事来家里找我，叫了我两声我都没有回头，当时我正在刻花，一回头我这件东西就全完了。"

张绍斌

秘制龙泉瓷的爷爷

"龙泉瓷中断过，好就好在这里，国家投入那么多力量开发景德镇，已经没有空间了，但龙泉瓷有的是空间，很多人说南宋时就是顶峰，我觉得不是。釉水总是达不到我的理想，龙泉瓷肯定有咱们都无法想

《鸳鸯戏水》，张绍斌之女作

象的东西。"

　　靠着炉火，张绍斌坐在小竹凳上，从抽屉里翻出一个比汤圆略大的小瓷罐，"呵"，长哈一口气，"这就是类玉"。看我不懂，又凑近用力"呵、呵"几次，粉青瓷罐的表面生出雾一般的效果。"有的釉水，有一层油似的水头，那是玻璃浮光，不是类玉。"张绍斌用朴实的语言形容，"早上的牡丹……带云挂雾的松树……"说着，他不好意思地笑了，"类玉在我脑子里，可惜我从来没有烧出来过"。

　　张绍斌在龙泉市的门面房没有招牌，临街的一面卷帘门拉得严严实实，连通着后面的小作坊也一样。51岁的"中国陶瓷艺术大师"张

《生命的胚胎》，张绍斌作

绍斌是"龙泉四老"中最年轻的，"我是前年才到这里来的，因为政府给了很便宜的地，以前我一直在山里烧窑"。来龙泉买瓷的散客少，大都是广东和海外的商人熟门熟路来订货，张绍斌的名片印的还是山上的电话。他懒得改，没心思去打点门面，"来买我东西的人，自然知道这里"。

龙泉的另3位大师都是瓷厂老师傅，而张绍斌是农民，他一直生活在龙泉的山中，自己琢磨着家传手艺。"我和其他3位大师比不了，我只是国家级的'陶瓷大师'，他们得到这个称号后又被授予'工艺美术大师'称号，级别比我高。"张绍斌的祖父张高礼，是民国时期重现青瓷的创始人之一，"清末民初，很多外国人跑到我们这深山里，龙泉的山上都是古窑。那时大批南宋时期遗留的青瓷被收购运到上海去，大古董贩子等着收"。"当时是李、张、龚3家各自秘密钻研，互相竞争，才重新又造出了龙泉瓷。此前龙泉的孙坊还有一个窑口，烧大香炉，是粗制滥造的青瓷，算是龙泉瓷的一点血脉。"当时的李、张、龚3家都仿造南宋青瓷，彼此配方保密，而且只在自家院中烧制，被当作古董卖，"几可乱真"。

"'文革'初红卫兵来我们家抄家，在菜园里几锄头就刨出一个梅子青的牡丹瓶。"张绍斌印象最深的，是红卫兵挖出的一件"龟身龙头的甓"。"我叔公说，那是送给蒋介石寿辰的贡品，一对给蒋，自家留了一个。"民国龙泉的地方官陈佐汉，曾拿回蒋介石回赠的"艺精陶坊"的亲笔字幅，这也是史料中对于民国时期龙泉青瓷的最高褒奖。"他给我们家复刻了一幅，亲笔的自己收着了。"陈佐汉当时曾设想过"复兴文化艺术"，希望上层拨款，把龙泉瓷不仅当作邦交礼品，更能重新发展实业。虽然梦想破灭，但陈佐汉一直将字幅悬挂在寓所中。

张绍斌说："民国时期只有我们家的窑不断地烧，龙泉造瓷的人多，但大都是粗白瓷的蓝边大碗，我们家，也是把青瓷搁在火焰最好的中段，上下都是白瓷，一个窑烧。当时青瓷市场小，我们这里又只通水路，抗战一来，谁还带着瓷器跑？"卖不出去，也舍不得毁掉，张高礼挑出了300件精品，全都埋在菜园地下，"除了第一个牡丹瓶，后面红卫兵挖出来的就很完好了，那是我第一次看到那么多青瓷，温润如玉"。

"我家最重釉色。好的釉水，小东西特别容易体现，所以南宋的青瓷就是这样，没什么纹饰。"这批菜园的瓷器没收后，20世纪80年代初被同乡贩卖，"最便宜的小玩意儿也要300多块钱"。1957年周恩来指示恢复龙泉瓷的生产，龙泉找来当地最有名的张、李、龚3家，成立仿古小组。"因为各家的当家长房都没了，我叔公张高岳去了。"1959年新中国成立10周年大庆，龙泉瓷厂生产的青瓷餐具和摆设，以中国美院邓白的设计为准，使龙泉瓷重新名声大噪。但张绍斌说，"这和我们家的手艺一点关系也没有了"。

民间传递渠道

父亲"文革"初去劳改，母亲带着张绍斌和姐姐生活。"母亲在生产队里的窑口帮着干活，怕我跑出去淹死，就给我一团瓷泥。我4岁就在一边捏牛，还捏得蛮像的，牛角上的花纹都有。"对于张绍斌来说，"看见山就开始找紫金土，就知道哪种土烧出来是什么颜色"。张家祖祖辈辈都在山上，作为龙泉当地烧得最好的青瓷世家总算传了下来。张高礼在的时候，用的是满山的"龙窑"。"窑头低，从窑头开始，一间一间烧上去，沿着山，好像一条龙。"李家的窑早已无存，龚家后人只能向退休后的张高岳学技，民国的陶瓷世家，显然仅存张绍斌一家，"我在龙泉市烧，我父亲70多岁了，现在还在山上烧我们家的老窑呢"。

张绍斌一直强调自己是个农民，种地出身，"我30岁的时候还不曾指望，这辈子还能烧上青瓷"。叔公张高岳在"文革"中被返乡改造，张高岳的手艺当时是龙泉最好的，回到山里的生产队负责烧窑。"不是烧青瓷，生产队就烧粗瓷蓝边碗。"张绍斌说，"我们家是轮不到烧瓷的，我们只能种地，风吹日晒。"李家当时只有一个失明的女儿，张高岳有子嗣，龚家也无传人。"到十一届三中全会以后，我叔公被中国美院请去帮教授们烧瓷。"80年代初，张高岳退休后，才开始教徒弟，"我的堂弟，还有龚家的孩子，都来和叔公学，他们才十六七岁。我已经快30岁了，结婚要养家，白天种地，只有晚上来，做瓷器的机器就那么一台"。张绍斌于是决定自己琢磨。

"叔公和我做青瓷，当时都是偷偷摸摸，我们哪里敢让人知道？这是山里，我们那时只会做仿古瓷，所以博物馆经常带着派出所来罚款，大概是因为凡是古代的就归博物馆管吧。"张绍斌笑着说，"后来来买的都是广东人，他们是拿出去当真古董卖？有可能。以前我爷爷和上海人打交道，现在我们是和广东人打交道。"张绍斌很崇拜爷爷，他虽然跟考察团去过日本、韩国，但自己"不善与人交往，也不爱出门"。他从不参与各种社交活动，更不会拉业务，他说："客人自己会来买的。"

家传有天然优势，"要釉水好，最重要的是配料。青瓷原料都是自己配的，我到现在还是自己在山上找土，我知道哪里是瓷土矿"。张绍斌每次向别人解释青瓷的配方和颜色时，都要眼睛朝上想个老半天，然后真诚地说："我不知道那个化学元素叫什么。"至于最关键的配方，张绍斌一直在自己琢磨。"我的配方总是在改动，因为我一直没烧出自己心里的那个样子。"烧了20多年，张绍斌说他到现在还是经常试验，"青瓷的一切都是由原料决定，怎么配叔公不告诉我，我老是觉得，如果我爷爷在，我也不会有今天，事情太容易，就达不到精"。失败的试验品砸掉，有用的堆了几千片在房间里，"人有时候是要走一点弯路的"。

一个人的工作室

说这话时张绍斌把小凳子和茶杯都端到了窑炉前面。"釉水 750 摄氏度还是红的，和钢水一样，过了 1200 摄氏度就变白了，降到 300 摄氏度左右就变青了，青瓷的窑炉就是要人自己看着，否则，前功尽弃。"比起父辈的龙窑，液化气窑炉对于张绍斌是"一场革命"。"如果没有窑炉，家里也做不起来，那么龙泉瓷厂也不会被小作坊挤垮了。"张绍斌兴致很高地介绍，"左边是压力表，右边是温度表，中间是个孔，可以看。"

除了一人多高的窑炉和像个玩具似的拉坯的转盘，还有地上散放的工具，这个 100 平方米左右的作坊非常干净和安静。和别家作坊里堆满了成型的胎，粉末横飞，呛得睁不开眼的场面完全相反。"我不用模具，那些模具做的青瓷，猛一看造型很流畅，但禁不起细看。现在的厂子大都加一些化学颜料，让颜色更好看。但不是本来烧成的颜色不'吸睛'。"即使是其他 3 位国家级大师，自家的厂里也大都会用一些模具的产品，"应付客户的订货"。张绍斌一年只做二三十件东西，"我做了几百件，但是都砸了"。他的陈列室一层只有空架子，二层只有二十来件展品。"这都是我在山上做的，做出精品来要心诚，我在这里都要过第二个年了，也没做出来好东西。"张绍斌一个劲表示惭愧，"这么少，我都不好意思带人来看。"

"我本来就是在自家的小窑炉里试验出来的，我们家世代做仿古青瓷的，东西要精。"张绍斌手边都是一些特别细巧的小瓶小罐，"好东西都没有什么实际用途，把玩而已。这几年龙泉瓷的工艺进步了，不过造型还不行，我看了日本人做的青瓷，造型比我的还好。不过龙泉瓷最关键的还是要类玉，他们的釉水不如我。单单是这釉水，就永远做不到底。"

毛正聪

神秘的釉料

"先去陈列室参观一下吧。"在开始采访之前，毛正聪坚持要先看他的作品。陈列室就在办公室旁边，灯一打开，眼前一片绿。

"东山的泥，西山的土。"龙泉青瓷的神奇在于，不同的釉土配比经过烧制形成翠色。"青瓷最大的特点就是温润如玉，越像玉越好，这是追求的目标。"龙泉青瓷博物馆的吴馆长说。

在龙泉青瓷鼎盛的南宋时代，弟窑的粉青和梅子青不但颜色类似青玉，质地也超越了普通青瓷的透明玻璃釉，是乳浊釉质。现在，则是毛正聪的粉青和梅子青最具特色，"看了他的作品，一般的东西都看不上了"。

龙泉青瓷的几位国家级大师背景不同，各有擅长领域，他们的作品一眼就能辨认出。徐朝兴拜民间老艺人李怀德为师，技术很好。夏侯文是科班出身，美术功底好，善设计。业界人士说，从前在厂里是夏侯文设计出图纸，徐朝兴来做。而党委书记出身的毛正聪制作技艺

和设计都不是强项，但他是"最聪明的"。他的作品设计都很简单，没有很多的花纹和装饰，景德镇可以在瑕疵上做装饰来掩盖，但毛正聪要做的是没有瑕疵。

青瓷最大的特点是釉色美。1997 年，毛正聪从青瓷研究所退休后，开始把精力放在釉料研究上。釉料配方一直是厂里的机密，只有很少一部分人可以接触到。2007 年《龙泉瓷厂厂志》出版，按照国家的保密规定，厂志印了两个版本，带有弟窑釉配方、哥窑铁骨试验配方等内容的版本只有两本，一本作者收藏，另一本送给了龙泉市档案馆。

毛正聪说，釉料就像米汤一样，要用不同的泥土配出来，不含任何化学成分，经试烧，检验是否达到自己的设想。但如果再问得详细些，这位老人就会狡黠一笑，说"讲不清楚"。毛氏釉料的配方只传给儿子、女儿和女婿。毛正聪说，龙泉青瓷有一样的有不一样的，不一样的就是尖端的。

毛正聪烧制出来的青瓷色泽如玉，粉青绿得秀气，看起来是通透的，但摸上去却发现其实很厚。梅子青则沉稳大气，毛正聪说，"心情烦躁的时候，看到它就平静了"。

陈列室并没有想象中的恒温恒湿、安保等装置，那些毛正聪颇为得意和珍惜的作品就被他自己随意搬来搬去，我也可以拿起把玩。毛正聪说，你现在看到的瓷器面上的光亮是火光，而古代的青瓷长时间在空气中氧化，火光被去掉了。青瓷的时间越长，才越没有火光，那样的瓷器才好看。

显赫的作品

毛正聪一直强调自己是搞技术出身的。他少年丧父，家境贫寒，小学毕业后，母亲要他回乡务农，他想学一门手艺，当时村里有烧粗瓷的老板，这还不是青瓷，只是瓷制的杯子、碗之类。他就瞒着母亲偷偷在作坊里学，1957 年，公私合营，毛正聪随原来的老板进入了龙泉瓷厂成了工人。

20 世纪 60 年代，毛正聪到杭州参加群英会，在参观《浙江日报》胶印机的时候得到灵感，想研制一个自动修坯机。毛正聪说，当时都是工农干部，没文化，不同意，只有两个厂长是读过书的，同意他试一试。他利用下班后时间做试验，5 年研制出了半自动修坯机。"文革"

后，他担任了主管技术的车间主任。

真正开始做青瓷是在 1985 年，那一年，龙泉瓷厂改为厂长负责制，任厂里党委书记的毛正聪清闲下来。"我本是搞技术的人，就成立了工作室，第一个课题是哥窑系列挂盘。"一开始，各方对他的工作室并不注意，直到一年后的全国陶瓷评比中，他研制的 60 厘米挂盘获得了金奖，70 厘米的牛纹盆被收藏到了故宫博物院。

毛正聪的陈列室里摆放着去向显赫的瓷器。珍珠梅瓶是为人民大会堂浙江厅重新装修时制作的。毛正聪说，这是他几十年经验积累下来的创新：宋代的造型、通身哥窑开片与珍珠般的粉青相结合。2005 年，珍珠梅瓶还作为出访国礼赠送给了时任德国总理施罗德。

紫光瓶是哥窑开片。"紫光"二字来自中南海紫光阁。1988 年，毛正聪接到一个特殊的任务，要为中南海紫光阁烧青瓷，作品要放在紫光阁总理接待厅 6 米长的条案上。毛正聪和同事们研制了一年，最后采用了 70 厘米高、41 厘米直径的紫光瓶。"那时，瓷厂的燃料还是煤，条件很差，装胎的匣钵要 2 米多高，厂里没有，到景德镇买的。"同一批一共烧了 4 个紫光瓶，1989 年把其中两个送到了紫光阁。毛正聪很自豪地说，这两个瓶子撒切尔夫人和基辛格都很喜欢。

每一个大师都有一个自己无法复制的孤品。毛正聪的孤品是象形开片腾龙盘。它并不在毛正聪的身边。毛正聪作品的图案多为自然窑变结果，而不是人为控制，他认为，自然的东西才有生命力。腾龙盘烧制成时，毛正聪看到盘正中有一个自然形成的龙的图案，他非常激动。美中不足的是，龙的上方有一个烧坏的黑点，破坏了整个釉面效果。

云龙盘，毛正聪作

利用一次去北京的机会，他找到北京的一位工艺美术专家，要了一些低温釉，希望能补上这个瑕疵。

回窑重烧，温度升到1100摄氏度时，电炉丝突然断了，"当时的心情很不好，觉得盘子肯定烧坏了"。毛正聪说他于是一夜守在炉前，等待降温，"早上4点多，温度降到80摄氏度的时候，我拿出来一看，烧成了。那个烧坏的黑点变成了一个红色的圆，外面还有一层白色的晕。"毛正聪说他很珍惜这个腾龙盘，他把盘子藏起来，连身边亲人都不知道。

直到1993年，浙江省政府的工作人员在毛正聪朋友陪同下来挑一件礼物，"这礼物要很特别"。毛正聪开始并没太在意，他让来者自己选择。"挑来挑去没有满意的，我那个朋友比政府的人还着急，他把我拉到一边和我交底说，这件礼物是送给邓小平的。"毛正聪于是想到了自己珍藏的腾龙盘，"这个盘子放在他那里可能要比我这里得到更好的保存"，几经考虑，他推荐了自己的腾龙盘。毛正聪说，任何东西都要讲缘分。

夏侯文

现代青瓷工艺大师的作品在受人追捧的同时，也有藏家质疑。什么是衡量龙泉青瓷的标准？各方都有不同的说辞。有人追求创新，希望能体现现代的设计理念；也有人追求复古，把接近历史上的龙泉青瓷作为目标。

夏侯文是几位大师里唯一的科班出身，1963年毕业于景德镇陶瓷学院。夏侯文脑子里全是"创新""发展"。他说："仿古那都是别人的想法，别人的创意，说得不好听了就是抄袭，你自己在哪儿呢？"夏侯文喜欢在青瓷里加进颜色，比如绿盘子上的红鲤鱼，还有用鹅卵石、铁矿石之类的给盘子上的龙纹上色，哥窑弟窑的工艺糅在一起，在瓶子上烧出五大名窑的特点……夏侯文最喜欢的一个盘子，锃光瓦亮，和其他人追求的类玉完全两样，"我从没烧出过这样的光彩"。

对于龙泉青瓷弟窑代表性的颜色梅子青，他也有自己的理解："我觉得我这个东西是最接近梅子青的，但别人可能说根本不是梅子青。青瓷不是奥运会，真刀真枪地比，审美标准都不一样，只能说个人爱好了。"

在藏家叶英挺眼里，新中国成立后恢复生产的龙泉瓷跟历史上的没法比。他说龙泉瓷的标准是"薄胎厚釉"，真正的青瓷釉厚能达到胎的两倍，只有厚釉才能有类玉的温润感，亮度很温和，绝不是强烈的反光。这个难度非常大，釉水上太多，胎就垮了。现代的龙泉瓷釉水平不断提高，也很讲究创意，但釉质和瓷质，比起南宋相差甚远。不管设备条件怎么好，薄胎厚釉，谁家也没有解决这个问题。

叶英挺并不认可目前龙泉青瓷的工艺，同样都是在龙泉烧瓷，几千年里土质是不是一样却很难说。因失传太久，配方没流传下来，现在的青瓷都是根据民国配方改出来的。"我没办法看这些东西，因为看不上，而且当代艺术品的报价本来就很虚，刚好碰到两个土财主，一人一槌不就上去了？"

手艺人鹏师傅：让陶艺和生活合二为一

对"当代陶艺大师""陶瓷艺术家"这样的名头，曾鹏避犹不及。他说："在我眼里，陶艺家其实就是手艺人。我们想做的，是在传统技艺和日常生活之间铺一条路，让民艺和生活合而为一。"

虞公窑

朋友们都把曾力、曾鹏叫作"力师傅""鹏师傅"。兄弟两个都是陶艺家，十几年前在佛山石湾的山野里搭建了一座远近有名的"虞公窑"，带领工人制陶造木，过着一种且工且读且画的匠人生活。

曾鹏 1953 年出生，那一年，他父亲参与创建的佛山石湾美术陶瓷厂也刚刚成立。曾鹏说，20 世纪 50 年代初，政府自上而下地动员、组织抢救民间工艺传统，他的父亲曾良被工作单位广州人民美术社派驻到了有"陶都"之称的石湾。同来帮助建厂的人后来一个个地返回广州，他父亲却选择留在当地。母亲带他们两兄弟从广州到石湾，在厂里安下家。他们父子两代人，自此就和石湾陶艺相伴 60 年，经历了它在新中国成立后的全部兴衰变迁。

佛山石湾以"石湾公仔"闻名，陶塑的手艺相承了几百年。这个小镇没有景德镇那样的皇皇官窑历史，但自明代就民窑兴盛，为当地延续下来一条民间陶艺人的血脉。20 世纪 50 年代成立的石湾美术陶瓷厂，几乎集纳了其时石湾陶艺各个行当的民间大匠：人物刘传，动

曾力师傅工作照

物欧乾，配釉吴灶生……他们从私人手工业者转变成公家人，并被政府动员起来收徒传艺。师傅收谁为徒自己说了不算，由组织分配。1954年，在这一波抢救民间工艺的运动中，曾鹏的父亲曾良拜在欧乾门下学习动物陶塑，最终成了岭南陶艺界有名的"鹰王"。

曾鹏和哥哥曾力，就这样从小玩着泥巴团长大，跟在老师傅们身边度过了童年。和这些手艺人朝夕相对的经历，给了曾鹏对工匠精神最朴素的认知。

"老师傅们教给我的，最重要的是尺度和本分。他们觉得，今天能把今天的事情做得圆满，就是老天的恩赐。如果每天都能做好事情，手上就有了一辈子的活计。"曾鹏说。这些手艺人的生活日常，在他看来自有一种优美单纯的节奏，比如，师傅们每天上午一定会固定在某个时间去喝茶，而且总在同个茶楼坐同个位置。当地人对他们都有一份尊重，其他茶客就算去得早些，也从不占用他们的位置。如果某个座位空上两天没人坐，大家就知道，这师傅生病了。师傅们坐下来也通常先不忙上茶，悠悠地看完当天报纸，仔细叠放好，再拿出自带的茶碗，叫上一壶茶、两个叉烧包，吃完踱步回去干活。这种日常的重复与连续，形成了他们对待身边事物的尺度，也包括自己的手艺：平缓踏实，心无旁骛。

曾鹏回忆他哥哥曾力的师傅吴灶生，有一手配釉绝活，他配的红釉尤其与别人大不一样，层次丰富，红中透紫，十分耐看。所谓不疯魔不成活，有本事的老师傅在外人眼里多数是性格怪异的神人，总有些趣闻逸事可做后辈谈资。曾鹏说到吴师傅，做陶几十年，因为长年保持同一姿势，生活中腰背和四肢都曲如弯弓，可他只要坐到拉坯机前，在外人看来古怪的身形便如鱼入水，极妥帖地嵌入工位。还有就是他采料的方法，"吴师傅对采料多讲究，绝不像现在的人一样乱挖无度。石湾旁边有个山丘，上面出产一种风化石英，行内都说，只有这个山上的石英才能配出好釉。他每次带我哥上山，都会指点哪片地方可以采，哪片不可以。在他眼里，山体形似鲤鱼，采料的部位要选鱼肚，石英就好比鱼肚里的脂肪，采一些出来不碍山体，其他地方却

曾鹏师傅工作照

乱来不得。听我哥说，有一次他们上了山，师傅四处看看，跟他说："今天鲤鱼好像不太高兴，我们不采了，回家去吧。这不全是迷信，是对祖辈赖以为生的天地自然心存敬畏"。曾鹏从小被这些故事熏陶着，心下有了敬畏。如今每次去欧洲，看到街边有摆摊的人，曾鹏必定会要上前去买点他们做的东西。他用这种方式来表达自己对以手造物者的尊重。

石湾美陶厂虽然是家工厂，但直至 80 年代，在南方也都被看作一个很重要的文化单位。除了这些老师傅，北京、广州等艺术院校的陶瓷艺术家、画家也长期下厂来搞创作，曾鹏小时候常见到的，就有郑可、谭畅、高永坚等美术界的名家。曾鹏小时候喜欢捏公仔，但是精灵古怪，从无规矩，中央工艺美院教授郑可却对这孩子手下的各种奇特的感受力很有兴趣，每次来石湾，见到曾鹏玩出来的"作品"都要取走。二十多年以后，曾氏兄弟相继完成学业，子承父业进了厂，在石湾陶艺的新生一代中成了翘楚。1985年，他们获邀去北京，在中国美术馆举办"石湾现代陶艺展"。展览开幕前，郑可老师从家里抱来两个鞋盒给曾鹏，打开一看，全是他小时候做的那些陶塑玩意儿，被郑老师保存了几十年。

曾鹏毕业于景德镇陶瓷学院。在他考大学前，广州美术学院的谭畅教授曾告诉他，景德镇陶瓷学院请了很多景德镇的老师傅在教课：拉坯的，画青花的，做釉下彩的，他们没有学历，但手艺过人。这成了曾鹏报考这所学校的最大动力。入学后，曾鹏才发现很多同学是因为考美院不成而转投过来的，多数人想着当画家，对工艺行业并不真正感兴趣。曾鹏是极少数对工匠身份很认同的学生，抱定学习陶艺的想法。曾鹏回想起来，景德镇四年，给了他最基础的训练。"民间大师教你的东西和学院训练是两回事。我是不太听话的学生，自己有一套想法，画得也不像老师教的，所以有些老师很不喜欢我，但也有老师对我十分偏爱。"除了上课，学校允许他们到处踏访，去工厂，去作坊，周边残存的唐宋元明清各代的古窑址更是看不尽。曾鹏喜欢读文物杂志，里面一介绍什么古窑址发现，在哪个村、哪个山头，他就背上锄头按图索骥，从周边拣一些破碎瓷片出来收藏。"我对文物没兴趣，主要是拿回去琢磨古人的工艺。现在有些做鉴定的人其实不懂（陶瓷），谈论器型、纹样，多半人云亦云。其实对我们手艺人来说，判断年代要看工艺：装烧、拉坯、上釉，各个朝代的方法都有差别。我现在还记得有一位刘新元老师，当时是景德镇考古所的专家，他给我们上过一次课，介绍历代碗的装烧工艺，我受益至今。"景德镇有条昌江，江边有片滩涂，沉埋古瓷片长达两公里多。每到周末，曾鹏和同学们就跑到滩涂上去捡拾瓷片。"有一回我们发现了大批废弃的碗底，同一个图案有无数瓷片，全都一模一样，那次让我相当震撼。我领悟到，其实很多绝活的产生，是对一件事情无数次的重复。一个人如果一生专注于一件极简单的事情，并不用刻意设置目标，日复一日，他就可能达至绝活。"

1989 年，曾力、曾鹏辞职离开美陶厂，自创"虞公窑"。他们以传说中石湾陶艺的祖师爷"虞公"为窑名，想要研习民间工艺，回归古代匠人内心法则的意愿已全然表露。多年以来，他们保持着小规模的手工劳动方式，每天带领十几个工人，在稻田和菜地之间的小山岗上，自由自在地干活，践行着自己的陶艺理念：不割裂传统，不混装西方，每天专注于从手底传递出对自然对生活的真实亲近。他们的陶塑作品，图式、线索都取自岭南风物和神话传说，但两兄弟的风格相异：力师傅潜心佛像塑造，静邃优美；鹏师傅的塑像跳脱不羁，但其墨稿有文人画的简雅，看他手底的泥坯塑形功夫如流水乐音，形意淋漓。

紫坭百工

力师傅人在国外，我们这次没能见到。鹏师傅花白寸头，圆领汗衫大短裤，见了面眯眯一笑。聊完天，领着我们去他的新工坊"百工造"转了一圈。

新工坊安置在番禺紫坭岛上的紫坭糖厂旧址。小岛被水道四面环绕，因为地处珠三角腹地，距离广州、顺德、东莞、佛山都不到半小时车程，这几年已被开发为以桑基鱼塘为主的生态农业旅游区。岛上的著名地标，除了重建的清末岭南园林"宝墨园"，就是这座中国南方昔日最大的国营糖厂了。

与石湾美陶厂一样，紫坭糖厂也在 1953 年建成，拥有新中国第一条自动化榨糖生产线，发展到最兴盛时，厂里有 4000 名工人，每逢榨季——头年 10 月至第二年 3 月——送甘蔗的船都会密密排列在河面等待入港卸货，两个 500 吨泊位码头和一座临河万吨仓库就是那个时期的见证。1997 年，随着国有企业衰落，曾经盛极的糖厂宣告停产，变成了一处现代工业遗迹。据相关资料介绍，整个厂区保留有 20 世纪 50 年代至 90 年代四个不同时代的厂房，其中较具文物价值的 1953 年建筑共 11 处，包括苏式办公楼 1 栋、宿舍楼 3 栋，为研究广东乃至全国现代工业建筑的发展史提供了实物。我们现在还能看到的最大一栋苏式建筑，位于紫坭糖厂正门旁边，是一排混合结构的二层楼房，前廊带有圆拱，黄色外墙，虽颜色剥落但仍大体完好，这种建筑风格在广东一带极为少见。其他厂房虽已拆除了机器，但空间架构被保留下来，鹏师傅的"百工造"就是以这样一栋旧厂房为基础，改造成为一个集合金工、陶艺、木艺、家具、玻璃等装饰艺术设计与制作的生产车间。

当时，"紫泥堂"董事总经理何卫东获得租用紫坭糖厂旧址并做全方位规划的机会，他想到了自己喜爱多年的"虞公窑"，以及它那种特殊的氛围：无论主人还是访客，或远来的买家，进了虞公窑，总能在它营造的平静和专注中，享受到传统技艺给予的自在。在何卫东的发起下，几个老朋友——大学教授、空间设计师、工匠达人和建筑工程师，决定成立一个叫作"存墨设计"的团队，他们的愿望，是立足于传统美学和当代设计概念相结合、空间创建与工艺改良相辅、当代生活理念与艺术价值生产同步的目标，把"虞公窑"的生活方式"放大"到这片25万平方米的工业遗迹的保留和改造中。

糖厂旧址的体量大过"虞公窑"数十倍，但鹏师傅仍然保持着自己做事的尺度，以手工造物的态度不变。对于鹏师傅和存墨团队来说，设计是与日常生活相关的"计划和设想"，是通过日常生活中的个体自主来实现对现实环境的超越，所以，同样是依托于工业遗址改造，他们无意复制一个北京"798"或广州红砖厂那样的艺术商业区，而是想要打造一个围绕岭南文化生发的"生活乌托邦"——每个单体都像工匠一样专注、简单，养成自我生产循环的能力。"在这里将有古老手工业、东西方饮食文化、岭南传统武学和医学博物馆，也会有茶庄、食社、琴舍、学校。人们可以带艺安家，也可以只是来此休憩和享用。对我们来说，紫泥堂就是提供自在生活的每一天。"我们去采访的那段时间，他们正在用码头仓库里遗存的老船木打造日用家具，"百工造"车间里传出的低沉的轰鸣声每天在厂区起落。一桌，一椅，一凭栏，

地藏王菩萨（曾力作品）

旧物再生的味道就这样缓缓渗入旧厂区的各个角落里。

后记

距离我上岛去采访鹏师傅，又是十来年过去了。有一天，我在微信朋友圈看到好久没有联系的鹏师傅，问起他和那些朋友们的近况。快速行进的社会让太多的事情发生了改变。紫坭岛上的百工故事成了过往，鹏师傅离开了小岛，但当年共同发起"存墨设计"的朋友们仍旧还在一起，喝茶，吃饭，做事，办展，不紧不慢地，继续将理想中的"墨稿"一个个捏塑成型。关了对话窗，我长舒口气。在奔流不息的时间面前，我们可以把握的东西越来越少，还有什么，能够比看到这样的连续与专注更让人感到踏实的呢？

手工艺的景德镇时光

寻访陶瓷手工艺，叙述的链条要从工业时代开始。

在景德镇的制瓷业中，科技总是举着看不见的手。现在的景德镇，出现了 3D 打印实验室，还有来自全国全世界的材料市场。2008 年非物质文化遗产第一次征集申报时，竟然在景德镇手工艺人中遭到了冷遇。"任何一个行当都找得到高手，这是一个完美的手工组成的大产业链。"当这个产业链，在百年里遇到新的科技、多元的合成材料，是否改变了陶瓷的属性？

宋应星所写的景德镇有"七十二行"，到民国时期是 8 业 36 行，而最新官方整理出版的工艺流程，代表不同工序的手艺人有 135 个项目。"不是某个人的手艺，而是千年来景德镇工匠们传下来的手艺。"景德镇非物质文化遗产中心的主任高斌告诉我。

不仅没有弱化，关键环节越做越精。手工艺人的生产与生存，在景德镇一直是高度市场化的。陶瓷从土壤生长出来的 1000 多年里，景德镇的生产环节一直没有中断。从工到艺，社会认知近年也在变化。高斌说，"美术"曾经在制瓷行业里包揽了大量高级别的人才，随着文化审美意识的提高，人们对于"工"的看重，又回到了瓷的本质。

拉坯动作轻巧流畅，眨眼间冯绍兴已为泥土赋予了生命

拉坯：胎骨的诞生

看冯绍兴拉坯，一坨红褐色的瓷土，随着他脚下踩踏的节奏和手里顺延的抚摸，从泥土的样子，越来越显出了身姿，到最后成型时他的手小心地一托而起，那泥巴小碗上的曲线，竟然好像在他手上兀自未停，直到一两秒过后，碗身才静止下来，和人的视觉合二为一。

"人对于材料，要运用本能的技巧，也就是人身上的 206 块骨头怎么动。"不久前他刚刚"PK"过日本来景德镇的陶艺大师。他虽然跟主席访问团出访过，也曾经公开在电视上教郎朗拉坯，但是内心里还是对"表演"有些不自在。"日本代表的致辞非常谦恭有礼，中国在唐宋是文化偶像，话锋一转，明清时期日本陶瓷就开始了辉煌。"

冯绍兴并没有想太深，"既然从专业理解的高度来，交流就交流"。他抽了支烟，换了身工作服，走进去。五分钟不到，他做出了宋、元、明、清四个朝代代表器物的坯。"敬业，我尊重日本，但是这并不代表工艺手段你就厉害。"对方终究因为材料不同没能做出来，"作为景德镇人，我一直生长在一个很高标准的体系里。年轻的时候我越想做好就越难达到，自尊心在景德镇的公论中早已经锤炼起来了"。

冯绍兴的手细嫩柔软，我从没握过这样的男性的手。"泥巴是软的，怎么去掌握泥巴，全在你的手上。"行内有个自古以来的说法，拉坯最需要童子功，要8岁开始拉坯。从小把手练成屈握的形状，一辈子都能和泥巴打交道。"手上有功夫，心里要干净。"

冯绍兴入厂那年15岁，如果按旧行规，已经达到了儿童学徒的上限。"我爷爷自己不教我，但找了最好的拉坯师傅。老师的起点，决定了我的起点。"他每个礼拜还偷偷回学校去听课，内心委屈。"虽然家里几代人都在做瓷，可是我那个年代已经恢复了基础教育，我学习成绩还可以，但爷爷很坚持。他觉得手艺可以陪我一辈子。景德镇人更笃信这个说法，家财万贯，不如一技傍身。"

三宝山边依然留存的用水车来制泥"不（念dǔn）子"，冯绍兴从炼泥开始就有自己的章法程序。配不、化浆、淘洗、过滤、稠化、陈腐、踩炼，得到一块块方砖一样白色的不子。陈腐是为了让泥巴里的有机物腐烂，产生腐殖酸，更容易塑形。到踩炼的时候也很有意思，好像踩出了一朵泥巴的大花朵，"菊花心莲花瓣"，要用脚从外往里，环形挤踩，"三道脚板两道铲"，这样的泥巴细密极了，才能用来制坯。如果是以前的坯房，要用房檐下收集的雨水来和泥。冯绍兴把厂搬到三宝的山下，正对着红黄缤纷的山丘，并且自己打了一口60米深的井。"现在我们喝水和造瓷都用这口井了。"

不仅是手，冯绍兴的眼睛瞳仁很深，好像自己带了一个可移动的屏障，一进入自己的世界就不再被干扰。胎骨由原材料和拉坯来决定。"线条，厚薄，匀称，张力，好的教育教出的是判断能力和分析能力。"

冯绍兴在建国瓷厂期间，厂里曾经接到任务，替故宫复制展览品。因此冯绍兴看瓷器，先看最根本的东西。"我先从胎骨上看，不同的时代，坯的松紧和旋路都不同，人用手工拉坯，底座的转速有多慢，泥旋转出怎样的线条，手指头的角度和力度也不同。有了胎骨，才能出'器型'。"他极为热爱古代各时期的器型，拉坯的时候琢磨的是几百年前，为什么人会做出这样的"黄金分割线"。

起初的六年冯绍兴按爷爷的吩咐，先学做人。"师傅喜欢你，给你机会。"冯绍兴深受师徒制精髓的恩惠，"不是现代人不聪明了，而是师傅和徒弟，彼此都失去了耐心，你要给师傅慢慢观察你的时间，别人看你做得很快，实际上你漏洞很多。"一个合格的拉坯师傅，"一板一眼，身上干净没有一点泥巴，动作轻巧，手脚灵活"。

"你得改变这个是体力活的想法，而是变成享受，手上有高度的敏感。"他成了厂里最被大家喜欢的孩子。"老师傅们8点上班，我

7点到，扫地、收拾工具、烧水。每个人的杯子里沏上茶。老师傅往座位上一坐，那口茶正好香甜不烫口。"可是大家对他的手艺评价并不高。"很多同期甚至比我晚的，家里都有点拔苗助长的心态，都已经会做好几种器型了。我却一直在最基础的层面上，连一个鸡蛋都画不好。""景德镇是个什么样的地方？高手如云，茶余饭后，徒弟们就是谈资。"冯绍兴一直觉得自己跟着最好的师傅，却没给师傅脸上增光。

他几乎是一瞬间成长了起来。"突然有几天我就开窍了。以前是用力，后来就会用心了。不仅基础做得漂亮，连从来没上手的器型也能做得又快又好。而且轻松、流畅，事半功倍，不用专门去掌握什么秘籍，一通百通。"

很长时间里，冯绍兴躲在师傅的名头之后，并不张扬。"有三年的时间我完全沉浸在热爱的手艺里，不觉得自己达到了什么成就。但是90年代以后，瓷厂进行体制改革，我开始去各企业给人拉坯，手艺一下子曝光了。"

1996年十大瓷厂全部倒闭，6万工人失业。冯绍兴却很轻松，"我把自己定义成专业人。我在厂里一天的工资只有50块，出来以后一天的工资是1000块"。大量私人作坊制瓷商展现出了市场竞争的激烈程度，"我的第一桶金就是这么挣的。当时景德镇也开始走灌浆、浇铸的规模化生产路线了，可是我的手艺却只有不断涨价"。

"手的动作是瓷器上的情感线索。从泥巴开始，手摸过去，你就懂了，蒙古人的瓶子，为什么把脖子拉长了，到了明代，器型又开始出现了敦厚感。手的动作，工艺里，包含人的美好希望。尤其是我们从小学到、看到的瓷器，大部分都是陈设瓷、艺术瓷，即使是生活用品，也并不是完全从实用角度出发的，而是不断锤炼出美的触觉。"

在机械化流水线进入景德镇的年代，"前些年日用瓷被廉价品冲击过，但是景德镇保留下来的不是一个人的手艺，而是无数个人、无数道工序"。冯绍兴很自信地说，这就好像日本电子表和瑞士表的对决，东西会说话。他也从不觉得手工艺有矛盾的地方。"机器和手工艺在陶瓷里是不同的层次。手工内部也有层次，并不是都好。"

"表面的落后和闭塞，给手工艺制瓷带来了天然的地理优势。"在景德镇听冯绍兴这样的行家说瓷，最常用的比喻词都带着温度。从骨架的匀称气度，到血肉的丰满优美，到皮肤的细洁如玉，这些瓷的特质，从人的手中，从泥土里生长出来，是千年来对于瓷器美的共识。

手艺的价值开始有了新的不断发展的载体。御窑厂 1918 年正式停产之后，从景德镇民间的"全手工业"体系，到新中国成立后十大瓷厂与工业化的结合，再到 1996 年完全进入市场经济时代，尽管景德镇的瓷产品在不断随着审美和市场变化，手艺却能独善其身，从不断更新换代的产品中脱离出来，展现出自身的价值。

利坯：薄胎"娇娇瓷"

"手工维持的不仅仅是技术，还有个性。"在景德镇维持着手工业的一个标准：计件化。说出自己的年产量，使每个采访对象都犯了难。熊国安有一件父亲熊友根留存的薄胎黑彩碗，"几十年里烧坏了无数，也就得了这么一个"。

"七十二行"并不是一个虚数，高手默默地隐藏在评价体系之中。每个人都背负着被行家里手注视的无形压力。真正的高手并不臧否他人，他们甚至在语言上习惯了保留，必须和对方比较的那种"商业语言"从没出现过。"一看到有客户，马上就离开。""可以请人给自己做，但不能互相合作。"在景德镇越待越觉得，这里并不是一个让任何外来者都能闯出天空的江湖，而是手艺人互相树立着"沉默规矩"的老派的人情社会。

拉坯给了泥土原始的生命力，而在利坯师傅的手中，追求的是胎体的薄与美。熊国安把耳朵贴在刀的根部，"听刀在胎上走的声音，如果是'噗'，说明还是太厚了，如果是'嘶'，说明开始薄了，越往后，声音变化越细微"。利坯这道工序里，最惊人的是，师傅眼睛很少盯着泥胎，而是用耳和手。"视觉关闭，用听觉和手感。"

薄胎瓷源于宋代影青，"薄如鸡卵之幕，莹白可爱"，薄如纸是对薄胎瓷的要求，泥料掺入滑石子、长石和石英。我一直以为薄胎有专属的固定工具，可以把人的双手从托举泥胎里解放出来，没想到无论大小，熊师傅就这么长达四个小时地用一只手固定在底座上，说万分小心也不夸张。手里拿过的瓷器从厚到薄，熊国安的手，培养了一种对厚度的敏锐，他对于薄胎的形容很朴实，只是告诉我难的不是方法，而是耐心和决心。

我看到的却是精准到可怕的细节，一个玉壶春瓶，瓶口、瓶身和底座基本等分为三个部分，肩、口等部位要有一点点蓄泥，这一毫米

利坯时需要绝对的安静，刀尾贴在耳朵上，靠走刀的声音判断胎体的厚薄

薄度的胎体，全部削好之后，三块泥胎合为一体，肉眼几乎看不出蓄泥。上釉，再送去高温烧。连接三部分的胎体薄厚的均匀度，如果有一点差别，最后的烧造过程中就会全毁。我在熊家的陈放柜上看到几件极薄但是却烧得歪七扭八的薄胎大件。"做十件未必烧得成一件。"他倒是无所谓把这些失败品拿出来玩，"不是想让人夸多薄，而是想让人看看多难。"

"利坯练的是'阴功'。"晚上 12 点是熊老二（景德镇人给熊国安的外号，他在熊家兄弟里排老二，实际上加上姐姐排老三）开始工

手工薄胎在熊家传到了第五代，熊国安的工作，深夜才刚刚开始

作的时间，"手机静音，家里没有电话，也没有人敲门"。但我看他双眼炯炯有神，并不像长期睡眠不足的样子。抽烟喝茶以外，他的白天大量时间都在睡觉，下午则是磨刀，聚精会神琢磨瓷器的时间就是深夜的四个小时。

绝对的安静，对于利薄胎，对于利坯师傅来说是最关键的条件。即使是最小的一个酒盅，他从粗坯开始削，进入最后一毫米的关键时刻，也需要好几天时间。"心里有事、身体有病的人不能做，所以薄胎从来不接急活。"

利坯的第一步是磨刀，熊国安 12 岁跟着父亲熊友根开始正式学徒，刀磨了三年。熊友根在景德镇是薄胎大王，20 世纪 30 年代生人，因为进厂，只留了自家老三学徒。熊国安因为正好符合当时对传人年龄的要求，开始了艰难的童子功的训练。后来他的儿子女儿虽然都考入景德镇陶瓷学院，但都没能复制他的经历。

直到现在，利坯也买不到现成的刀。"因为瓷器的造型和弧线千变万化，所以刀必须跟随器型变化，这叫'咬刀'。"熊老二首先给我展示的是他的百来把刀。"今天不行，明天来，我的刀至少要磨四小时。"刀分为板刀、条刀、挽刀、底足刀、外形刀等等，这些刀是用钢锉和钢条磨旧，更像是一种尖锐的刮泥器。

咬刀是通过工具把刀用手"咬"出贴合瓷器的弧线，每一个造型的弧度，都是专门为贴合器型而做的。"好的薄胎瓷，要有很柔和的暖，微微冒汗"的视觉感。在薄胎上再施以青花、粉彩、黑彩、釉中彩等，才是景德镇行家们的功夫。景德镇民国时期的名家作品，很多用的是熊友根的薄胎，只是当时留名只到画工，利坯师傅只在行内受认可。直到今天，熊家还在为名瓷利坯。很多知名的高端瓷都在熊家定做瓷胎，甚至是父亲利坯，儿子绘画上釉的成品。熊家很多年里位于制瓷链条的中前段，近几年才开始自己做成品薄胎瓷。正因为没有依附于工业化，个人的创造性才在景德镇陶瓷业当中留存下来。

位于手工艺链中前段的利坯，在制瓷当中仅仅是精湛的一环。十大瓷厂的时代里的工序，在市场上得到了完善的保留，制胎、画、彩各有细分，做毛笔、写底款、为细金彩制造金粉、生产匣钵、搬运用的草绳、为柴窑做大木作……1996年十大瓷厂破产，留下的是6万产业工人，很多人把技术带去德化、佛山。景德镇当地的个人作坊也遍

碎瓷片是景德镇陶瓷手工艺沉默的实物教科书

地廾花。"目前陶瓷行业的中小企业仅注册的就有 5000 家。"还不用说那些每周一鬼市、周五六的陶溪川夜市、周日的乐天市集等容纳了大量的"景漂"。

传统支撑着景德镇。手工艺意味着每一个行当都是一个研究不尽的"方案"。熊家为观复博物馆定制的瓷器售价不菲。"一个设计方案想落地，景德镇从器型到画到烧，全部可以勾连起来。市场拉动了生产链条，把人的水平和技术通过商品实现了。"这几年手工制瓷的市场也在变化，衡量价值的一个很重要的标准，从"大师之名"转向了"工"。"一个粉彩的发色特别好，一个填彩的技法好，烧得平整，或者青白瓷特别薄，纯正，这些'工'，以前很弱势，没有强话语权。"

传统工艺，而不是传统产品，正在焕发自己的生命力。

"景德镇手艺是有市场定价的，这体现的是手工艺本身的生命力，而不是靠政府砸钱维持的。"

高温颜色釉："郎红"女王邓希平

"郎红"是御窑厂专属，物罕价昂，景德镇以外没有条件再加工。"高温颜色釉女王"邓希平年逾古稀，满头银发，却有着老知识分子的快人快语和潇洒真诚。邓希平特意把我约到她的个人工作室，而不是那座2400平方米的"邓希平艺术馆"里去。这个地处市场里的朴素的小白楼，放着她的宝贝，进出都要锁门。没有豪华的古色古香的陈列环境，我看到的却是著名的"紫光阁四物"。

"瓷器一直被划入美术领域，而不是科技领域。"邓希平骄傲的是1980年，她任建国瓷厂副厂长时烧出的那件华国锋主席访日时送给日本天皇的郎红美人肩瓶，并不只有美的价值。近几十年里，这件郎红美人肩瓶的另一件，一直收藏在国家博物馆，作为中国古代科技的重大成果，前往全世界展出。一辈子烧造郎红，邓希平在陶瓷领域是第一个以"科技进步"获奖的得主。她在20世纪70年代成功复烧的钧红，后又成功复烧的郎红，至今仍位列国家领导人出访国礼中，并摆入G20主席会客厅。

与低温烧造的釉色不同，景德镇吸取了其他名窑的风格，实现了上百种颜色釉，其中高温釉色里最难烧造的就是红色，从永宣红到祭红、祭蓝、鳝鱼黄，一直是御窑厂生产的专利，其难点在于一是必须烧到1200摄氏度以上，二是釉料的配方复杂、多变，"百窑难得一件"，失败率高。

"若要穷，烧郎红。"郎红烧造古时就不计成本，难以把控，因此生产量少，但却占据了故宫收藏比例最大的种类。"明如镜，润如玉，赤如血"的郎红，仿佛初凝的猩红血色，光彩夺目。工艺精湛的标准是"郎不流"，也就是从上到下的釉色越来越深，却不过足。和釉上彩、釉下彩这些重装饰的瓷不同，颜色釉洗练沉静，没有图画。只用天然原矿配置釉料，烧成的颜色追求窑变和宝石般深深的光泽并不容易。在故宫收藏中，颜色釉几乎都是小件。历史上价值更高的郎红，把红色向前推了一大步，首先是釉色的鲜艳，在强光照射下才能呈现鲜红之感，自然光下是深红色。釉下开片，更是前所未有的鲜艳。

70年代烧制郎红的成功，使邓希平成了景德镇稀少的、走科技路线的知识分子手艺人。釉料配方在景德镇一直是"一家一釉"，属于家族里世代相传一直为生的饭碗。但邓希平说这种配方并不是固定的配法。"烧的不是一个配方，而是一个东西。景德镇的方子多的是，跟药方一样，都是要根据情况调整。"她强调的，反而是对于每次烧造颜色釉的"不可重现"。

"手工和科学做加法，这就是我做的事。"邓希平喜欢上颜色釉，并非一开始的打算。1964年从武汉大学化学系毕业时，她被分配到上海陶瓷研究所，后来连人带单位并入了景德镇。她的手工艺之路，是以科学的方式进入了"行当"。

被认为是核心机密的釉料配方，在邓希平看来正是好玩的不确定性。

郎窑红釉美人肩瓶

"景德镇手工艺的科学总结第一次是在 1954 年。当时的德意志民主共和国（东德）和中国签署的合作资料中，景德镇颜色釉已经在陶瓷研究所当中进行过了物理性能分析，从加工到烧，把主要的分析记录都完整做成了资料，作为交换精密仪器的条件。"景德镇尽管老师傅人人明白烧造的工艺，但是要用科学理论解释清楚却并不容易。1964 年，毕业于武汉大学的邓希平，和毕业于同济大学建筑系、华东工学院玻璃专业等的几个大学生分到景德镇，就下了工厂实验组。实验组将手工艺技术向科学化生产进行转变的实验进行了很多年。高温颜色釉是其中的最高成果。"郎红"得了科技部的国家科学技术进步奖，在景德镇的手工艺陶瓷领域，这不仅是第一次，也是唯一的一次。

实验组将颜色釉分成单独组，将邓希平分给青釉大王和窑变大王两位老师傅学徒。手工艺行业里的师徒制，在工厂里被严苛而精准地保留了下来。"我们一起进厂的大学生一共五个，都跟了师傅。"让这些世家传徒谈何容易。这些被召集进组的老师傅被给予了最高规格的待遇和荣誉。"老师傅都拿双倍工资，比厂长还高，一个月90～100块钱工资，每年发一套呢制服。"邓希平说，"唯一的要求就是，把手艺教给大学生，不能教给自己的孩子。"

1973年，景德镇复烧钧红失败，停产三个月。"其实就是因为手工成型为了技术进步，改成了铸浆成型。虽然提高了生产效率，但是却怎么也上不了颜色釉了。"当时的思维是单向的，"成型已经确定是技术进步了，只能从釉上下手。"邓希平既不是祖传的手艺人，而且经过三年下放，才刚刚回到厂里。

坐落在御窑场之上的建国瓷厂，号称景德镇十大瓷厂的"母厂"，是景德镇御窑的真正继承者。因为70年代复烧郎红成功，景德镇建国瓷厂开始批量烧造颜色釉，一直把柴窑这样的"奢侈品"烧到了1995年。"专门为了烧颜色釉，才复烧了柴窑。"计划经济时代，柴窑成为颜色釉手艺行当的专属奢侈品。一次烧柴的成本是七万斤，而且必须是松木柴才能烧到郎红所需的1200摄氏度，"柴是派给各公社的任务，只要主干，枝丫都不要"。

青花瓷是官窑民窑都能烧，郎红却是官窑独占的技术，也是景德镇的看家本领。御窑厂停产之后，景德镇的各个行业工种并没有消失，相反，民国时期景德镇从事陶瓷手工业的工人达到了20万人，从圆器、镶器，到柴窑、釉色，长久以来的 72 道工序，使民国时期出现了不少手工艺世家。长期封闭，给景德镇造就了相对完整的产业链人才，周边人不断来寻求工作并持续生产，到新中国成立后十大瓷厂，容纳了相当多的以景德镇为主，包括周边县镇的传统手艺人。十大瓷厂将大量工匠吸收进入职工体系。除了大量工业化生产，最顶尖的手艺保存在几个实验组、研究所当中，等于先做了一次筛选，把极其精华的保留了下来。

景德镇进入气窑时代，建国瓷厂为颜色釉试验了五年，到 1995 年停止了柴窑。"烧成制度的改变，窑形的变化，把'气氛'完全改变了。"不同烧成制度下，比如柴窑，温差非常大，窑变就很奇妙。"但一个柴窑只能有 10% 的体积烧郎红，它只能位于温度最高的地方。最底下放茶叶末釉，半中腰放祭红、釉里红、青花才行。"梭式窑的温差小，就烧不出柴窑的味道。

邓希平没有像"现代颜色釉"制造者们那样，对于釉料上色语焉不详，她非常明确地划分了天然矿物原料和提纯合成配出的颜料，是完全不同的两个概念。

"合成的颜色成分杂质少，基本上是纯净的化合物，而颜色釉瓷的颜色，比如铜矿石，含铜 1%，90% 以上是天然矿物原料带进来的其他物质。"不是染的，而是烧的。对应不同泥料，要做大量的经验式的尝试，配方也必须不断进行微调。

计划经济时代最辉煌，90 年代改制后也最落寞。建国瓷厂因为身处御窑，改得十分彻底，"一寸土地也不能变卖，因此最穷"。几十年里国营瓷厂做的作品，市场上其实难得一见。在一本彩印的小产品目录中，我看到了非常多形式多样的精美瓷器，很多是外销瓷、定制瓷。因此大量雕刻、釉彩、烧造、拉坯、利坯这样精湛的手艺，并没有加入工业化大生产，也并没有遭到冲击。

半刀泥：复原青白釉

雕刻半刀泥的王水彬在胎体上刻花几乎是一笔完成。"不能打线稿，我手里大概有1000来个青白瓷上的花纹。半刀泥是宋代的块面关系，有一个立线，是用来达意的，线条高度概括。刻法很流畅，每一笔都简练明快。"以印花、刻花和堆塑为主的青白瓷，半刀泥是一种以刀为笔的刻画工艺。"看一个瓷片，能从下刀的速度里，感觉到那时的师傅是兴奋还是愁苦，有了这种情感，临摹和理解就是技艺的磨炼了。"半刀泥的纹样和虚实，用在青白瓷这种最像玉的瓷器上，有一种神奇的视觉感，让莲花、竹叶甚至小虫，都有一种投影在窗的浮动之感。

王家兄弟是景德镇独树一帜的另类。王水彬是景德镇青白釉的传承人，却并不是世家传承，也不是瓷厂技术人员。如果要找一个来路，这对出身景德镇的兄弟，是最早进入收藏鉴赏领域的年轻人。王水彬在上海的大学紧张进修着文化部对"非物遗传承人"开设的课程。在酒店公共的客厅里，他在我的笔记本上开始绘制景德镇的宋代窑址地图。"这里是湖田窑，现在一说宋瓷，就说湖田，其实远远没有把窑址都涵盖进去。"青白瓷在宋元以后渐渐式微，我提起永乐的甜白釉，他却有些避讳"仿古"。"我也在试验，但非常难。目前这个领域的秘

王氏兄弟复制了宋画中的器皿，每年还举办"宋宴"

密还是没能以手工破解。" 王水彬早年以收藏作为主业，1999年自己
开始建设柴窑，自己设计和修造了三口形式不一的柴窑，"可以说是
一直失败着，这几年才刚刚找到了一些窍门和思路，我才觉得进了青
白瓷的门"。

从20世纪80年代考察湖田窑，河流两岸的宋代古窑开始，他
们一直固执地寻找自己的领域。"顺着小南河往上游去，盈田、玉田、
柳家湾等到处都是宋窑。"我问他怎么知道不是民国繁盛的民间窑
口，"民国窑已经很先进，窑口不断加大，而宋窑依山而建，窑口很小。
窑里烧过的砖、土，出'油'色都不一样。能看出当时的温度是怎么
升高的"。进入宋瓷领域的王家兄弟很早就开始琢磨青白釉了，"科

卷口斗笠盏（左）　　萝卜尊小赏瓶（右）

技越来越发达，景德镇陶瓷的文化意识却没能继续向上"。

　　在景德镇明清御窑厂和新中国成立后十大瓷厂的体系里，已经没了青白瓷的踪影。1989 年哥哥王尚宾在苏州开古董店，在上海福佑路跳蚤市场里，偶然碰到了一个江西老乡，来卖一套四件的酒盅。"摆了三天，卖 100 多块，说是饶州窑，卖不出去。"王尚宾说，当时市场上只有青花和粉彩，景德镇的小作坊也主打仿古，也是青花和粉彩的天下，没有宋瓷。这种素净的宋瓷，既没有仿品，也仿不出来，王尚宾买回去给他的老师，苏州知名的老一辈鉴定师龚明勋看，才知道这就是湖田窑。兄弟俩从此陷入了这个家乡的小门类，从江西，到福建，把一个山脉的窑址，都找出了连接。"我们就是纯粹想知道怎么烧的，带回来土、瓷片仔细研究、对照。"

　　对于哥哥王尚宾，景德镇周边，沿河 100 多公里的两岸，堆积层里是大量的宋瓷知识。"不仅有窑址，碎瓷片，还有当时的匣钵，窑炉工具。我们到当地就找村里的人，找窑厂、房、材料和布局，在堆积层上打个洞下去。"现代的长石釉对于宋瓷来说太过于透明了，而宋代的草木灰釉，就是景德镇周边植物烧出的。"自然发色的灰釉，真的不是用颜料调出来的，颜料也调不出来。"而且青白瓷简单，一个黑点也不能见。"很多人用添加剂来让釉色更青或者更淡，但是我们不用。必须用最传统的方式，老老实实地试照子（指上釉试烧的小瓷片）。"用球磨机打磨泥料，再画画烧制的那种粗糙的景德镇瓷器正在渐渐没落。

"瓷是中国人对泥土的理解。你用水用手脚去淘洗捣练，泥土才能一点点有生命力，并不是大师画得好就美了。"他们要的是本质的美，"一说审美分歧就太多了，那我们就把本质做好。"王水彬用20多年时间研究复制了15个宋代香炉。到了瓷博会上，附近大学生创业团队屡屡创下当日成交的佳绩，没有拿出任何商品的王水彬，等来的是一个日本考察团。"第一天一个人来，后来越来越多人。"王水彬收到了日本文化团来专程考察的申请，"我不想卖"。他想在此之前，将这套香炉捐赠给中国陶瓷博物馆，但是目前还没有得到官方回复。

青白瓷考验的不仅是颜色，更考验胎骨。因此他们觉得青白瓷回到了瓷的本质，首先要求的是"质"。"我们得用矿层更深的泥料。"我问王家用哪里的料，他们笑了，"你问任何一个景德镇的师傅，都不会告诉你具体的位置。其实料并不贵，难在寻找和实验。这还得有专业做泥的师傅来替我们找，又是另一个专业领域。"

半刀泥只用一把死角刀，就有17种刀工刀法。王水彬在一毫米薄的胎上刻画莲花，直接在半干半湿的泥上走刀，尤其是内刻的时候，刀极其难放，"力道一错，这个杯子就废了"。和薄胎一样，他也只能用手来固定器物，"从外往里的功夫容易，从里往外难，半刀泥、利坯都是如此"。

在工艺上，"明清时期的釉上彩、釉下彩、珐琅彩等等装饰工艺，大都是北京宫廷画匠的杰作。但是湖田窑的青白瓷，从胎体到烧造，都是在景德镇完成的"。1999年他们建窑，一直到2008年才第一次做出了青白瓷的作品。"每年至少烧7窑，每次花费六七万元，全部都是自己花钱，没有赚一分钱。"王家兄弟的泥料和釉料都是自己做，但是前端手工则是请人，他们给自家的利坯师傅开出的年薪堪称景德镇最高，这才留住了人。青白瓷因为近年对于纯粹、文雅的审美观的回归，热度不断上升。王水彬说，自己的产能产值在景德镇陶瓷行业只能算非常有限的。"我们做不了太多，不是市场不好，是做不出来。"

瓷器只要放在耳边一敲，就知道烧成温度是多少。他们复原了《文会图》等宋画里的所有瓷器。"宋代的器型已经很完美了，不需要突破。后来的瓷器只是装饰不同，并没有把宋代的东西破掉。"

通过一点点的复原，王家兄弟发现，制瓷手工艺链条当时已经做了完美衔接。南宋对于陶瓷手艺有局、法、技之说。"陶工、匣工、土工有其局，利坯、车坯、釉坯有其法，印花、画花、雕花有其技。秩然规则，各不相紊。"

浮梁：山中柴窑

已经进入冬日的景德镇山中，竟然蚊虫不少，形成了一片暖烘烘的小气候。我们的车离开景德镇市区一个多小时，一直开到了一个地图上没有地名的山窝里。顺着一堆大石头左转，走上小路，看到越来越多的木材堆积在一片窑房边上，我才确定这就是胡家旺让我们来的地方。带我们去的出租车司机认出了他，"省运会开幕式的最后的火炬就是他点的嘛"。我们这天正好赶上闭幕式，胡师傅为了烧窑没有参加闭幕式，手机里是世界冠军们纷纷请他合影的照片。"可能我年纪最大吧！"

"七月半后北风紧"，是景德镇柴窑的一个口诀，大部分柴窑的窑口朝北，让风力和火力，把窑里的空气的压力、熔点、釉流动的节点进行完美的结合。秋高气爽的时节里，朝北的窑很容易烧，只要观察火焰，结合窑内高度结构，就知道火力循环的火路如何。

胡家旺是景德镇"50年出一人"的最厉害的柴窑把桩师。我之前找了几幅窑位图，以为他看火轻轻松松的，可以给我讲故事，结果他眼睛一直对着火，不耐烦我的打扰，"不要拿古代的东西来问我"。难怪我看到陶瓷行业的记载，说烧窑时禁止说话。胡师傅告诉我，女性既不能进去搬东西，也不能上窑顶去看火。我有些失望，跟他烧了42年柴窑的江师傅劝我，他的脾气是"好的时候特别好，差的时候吓死人"。

"窑是越来越先进的，现在的气窑电窑都很先进了，陶瓷上其他的工艺不好说，但是窑确实是越来越科学的。"胡家旺不愿意将柴窑和先进的窑进行比较，他态度相当傲气："你说好就好吧，我觉得都一样。"窑前是大堆的苹果香蕉，餐桌上是现炒的八个菜，所有的蔬菜都是本地现采，把桩落座不等任何人，身边的几个老师傅还在喝一小杯白酒，他立刻回到了火前面。

"火要盯着看，自己看出学问，不是我给你讲。"他说话声音很大，眼睛时刻盯着火焰。其他人还在间或玩玩手机，他却保持着高度的专注。摞好的匣钵像一根根柱子，我们看的这个马蹄窑不大，里面有四根柱，正烧的是小件的青花。胡家旺听说我们早上去了陶院的阶梯窑，马上要照片来看，看完却不发一语。胡家旺的日程接近半年是全部被预约满了。"我自己没有窑，给人家打工的。"

山中静静地守着炉火，不能睡觉，也不能说话。无论眼前的人多么百无聊赖，也不能影响他对火的注视。"等等！"工人刚要扔两个柴进去，就被他喝止了。又过一两分钟，火势比起刚才稍微高了一点点，他才点头，让加了尺把来长的两片柴。我曾经去过台湾的柴窑，和景德镇所见的马蹄窑完全不同。"里面烧什么你不要问我，我只管火。"

他吐唾沫的绝活，却特别厉害，从柴窑顶上的小洞往下吐一口。"唾沫掉下去的速度，在火焰里蒸发的形状，就是判断匣钵里瓷器里怎么样的凭证。"虽然现在都有电子控温了，但却达不到他的唾沫的精准。为了保持他的绝技，他从不吃大荤腥。采访了两个多小时以后，看起来百无聊赖的伙计们，突然在柴窑面前支起一个长架子，并且把柴整齐码了上去，胡家旺只点头，或阻止，离火口两米左右距离是他的位置。

烧窑大过天。1958年，13岁进入建国瓷厂柴窑工作的学徒胡家旺，

浮梁山里的柴窑，胡家旺带着伙计们要守在这里四个日夜，烧造小件青花瓷

到现在已经形成一套"人工合一"的仪式感。虽然我看古书上，对把桩师傅敬如神明，景德镇的窑神童宾，就是烧窑不成以身投火而成了当地的信仰。马蹄窑左侧果然有一个神位，供着的正是童宾。"你想供财神也没关系。"眼前这位景德镇资格最老的把桩师傅，却非常讨厌故弄玄虚。对我说的那些连连摆手，却不怒自威。

我听说胡家旺的竹躺椅是绝对不能挪动，更不能坐。"椅子算什么，以前有一个专门给我端椅子的，厂里也有，我走到哪里，椅子怎么摆，要一直跟着我。而且不能学艺。"现场确实只有这一把竹躺椅，上面铺了棉被，地上只有两三个小板凳，其他人都谦让，也不敢当着他坐着。把桩师傅的规矩最多，记载非常烦琐，把桩师傅如何不能动手，有多大的人事权、话语权，连老板备下的荤菜都有规定的。现场三四个老工人师傅都是他从厂里带出来的，但是很明显，他们之间有严格的距离感。

给他拎凳子的，是此柴窑老板的弟弟。小伙子说，自家的马蹄窑完全是胡家旺设计和监督修造的，全景德镇的柴窑，如果能请得到他，精品率才有保证，哪怕是花费极高也值得。这样的马蹄窑，前面溜火的时间里，温度还没升起来。但是到了夜里火就时刻得盯住。

"从打杂到把桩，整整用了15年。尤其是最后两个阶段，各干了两年三年。"

那是最关键的时间，绝对不能偷懒，有了这15年的基础，胡家旺的烧窑手艺成了景德镇最拿得出手的手艺。从镇窑的第一次复建、复烧，到迄今每年几个月的烧窑期，胡家旺都是把桩师傅。

作为国家级传承人，胡师傅有一个十几人的柴窑团队。他去年做了腰椎手术，第一次拄上了拐棍儿。爬上窑顶时他完全不要我搀。也许是为了证明我的担心是多余的，他突然举起一个我连两只手提起来都费劲的大匣钵，二十几斤重的东西两手举过头，像杂技演员一样，居然在头顶上把匣钵快速转动了起来。"几年前我还能同时转几个，一摞上百斤一起转。"

"明早来吧，焰火冲天。"黑暗中他终于对我微微一笑。景德镇烧窑最好的季节，就要来了。

郑尧锦：给沉香另一重生命

香道嬗变，随物赋形。不同于其他任何材质，沉香雕刻的诱惑在于，其材质千奇百怪，每件都不可重复，因而也赋予雕刻者前所未有的想象与创作空间。

复兴

两年前，郑尧锦把他的工作室从黄山市屯溪老街搬到了两公里外的一座居民楼里，房屋临山建立，避开主街，十分清幽。厅堂里摆放着郑尧锦从越南、印尼以及我国海南、广东等各个产地搜罗而来的沉香，由于产地不同，或结于树，或埋于土，或没于水，沉香的形状千奇百怪，有的仿佛假山，有的形似城堡，更多的则是奇形怪状的片段。每月总有十几天时间，郑尧锦把自己关在这里，潜心雕刻沉香。

在一般人眼里，沉香本已神秘，何况用它来做雕刻。沉香，又名"沉水香""水沉香"，位列古人所说"沉檀龙麝"四香之首，是沉香树受外因侵袭病变之后分泌的油脂，与沉香木混合而成的凝聚物，因其病变位置不同而形状各异，又按其采掘地点分为生香（树上）、土沉香（土中）、水沉香（水下），品质出众的沉香，顾名思义，均可沉没于水中。

2000 年左右，郑尧锦第一次从台湾商人陈逸凯那里见到沉香。此前，他已经从事砚雕、木雕、竹雕、牙雕等各种雕工近 10 年之久，帮

由于材质特殊，沉香雕刻形成所谓"顶边、留皮、顺丝、冷合香"等独特的艺术语言

助陈逸凯做过不少仿古竹雕以及犀角杯的修复工作。陈逸凯为了感谢他，送给他3块打火机大小的沉香片。郑尧锦对手中的沉香十分好奇，这种材质闻起来清香沁人，形状也很特殊，雕工娴熟的他忽发奇想，能不能用它雕刻一点东西？

当天晚上，郑尧锦就用其中一块沉香雕刻了一把灵芝形状的小如意。第二天，陈逸凯面对这件回礼十分惊叹，带回台湾后，把它陈设在一个展示柜中，不久就以30万新台币的价格出售，引起轰动。郑尧锦的沉香雕刻之路也自此开启。

黄山历来是徽州文化的重镇，在黄山市歙县长大的郑尧锦从小便浸染在"徽州三刻"——石刻、砖刻、木刻的氛围中，周围到处可见

郑尧锦沉香雕刻作品中的写意之作：佛手书镇（其一）

融合精美雕刻的古代徽派建筑，在他的印象里，即使在乡人的猪圈旁，也有精美的雕刻图案。郑尧锦的爷爷、叔叔都是木雕师傅，即使在那个人们已无力大兴雕刻建筑的贫困年代，他们仍能以雕刻结婚所用的门床箱柜上的图案为生。"他们在雕刻的时候，我在旁边帮忙搓搓刻刻，从小看到大，都不用去学了，直接拿刀就能上去雕。"对郑尧锦来说，木雕很简单，学习的过程也极其自然。

高中毕业后，由于没考上大学，自幼喜欢雕刻的郑尧锦选择在徽州旅游工艺厂当一名砚雕学徒。一年多后，他在新华书店无意中看到一本刚出版的《徽州竹雕》，当时黄山的竹雕已然衰落，除了在博物馆里能看到几件实物，难寻踪迹。参照里面的图案，郑尧锦做了几件竹雕，放到朋友在老街开的旅游工艺品商店，很快一售而空。随后，他花了一周时间，做了一件立体罗汉竹雕，以1500元的高价卖给前来淘货的台商。当时，身为特级教师的父亲月薪不过300元，郑尧锦决心转攻竹雕。

买竹雕的台商找到郑尧锦，除了购买他的竹雕，还让他修复古代残损的犀角杯，并推荐他阅读来自中国台湾及日本的相关图书画册，去博物馆看相关实物。郑尧锦的空间造型能力与雕刻功底，在那段时间得到了飞速提升。"开始没有立体的概念，全靠大脑想，人家去博物馆看人像的正面，我当时除了正面细节之外还专心研究其背面，看人物的宽度厚度、扭动的幅度，衣褶怎么走，研究女人、男人、罗汉、秀才、小孩的背面是怎样的。"由于研究深入，他刻起来非常快，一天可以刻六七个立体罗汉，普通人则三天才能刻一个。

一段时间，郑尧锦引领了黄山仿古竹刻的复兴，影响远及浙江、福建一带。一度，他收徒六七十人，竹雕为他每年带来六七十万元的收入。与陈逸凯的相遇，让他对沉香雕刻产生了兴趣。当时，他们达成协议，陈提供原料，郑负责雕刻，每月至少创作一件作品，如是几年，2008年，陈逸凯帮郑尧锦出了一本作品集《沉香之美》，轰动圈内。

日积月累，郑尧锦手里也积攒了一些沉香原料，竹雕经营带来的钱也为他购买沉香原料打下基础，由于对沉香越来越痴迷，两年后，他完全放弃竹雕，醉心于沉香雕刻。

机会

国人历来重视草本香草，正如《礼记》第二十五卷所言"至敬不飨味而贵气臭也"，沉香在很长一段时间里，因其焚烧产生的独特香味，主要用于贵族祭祀礼佛之用。

自东汉见诸文字记载，至隋唐时期，沉香从域外大量输入，方才逐渐流入百姓之家。唐人浪漫而奢侈，除了焚烧之外，用沉香制作书箱、毛笔、刀柄，一应器物几乎都想用沉香制作，但对品香之道却浸淫未深。到了文风鼎盛、以精致生活为尚的宋代，香道盛极一时，燕居焚香也从宫廷雅事，进入寻常百姓的日常生活，所谓"品香、点茶、插花、挂画"四般闲事。"金炉犹暖麝煤残，惜香更把宝钗翻。重闻处，余熏在，这一番、气味胜从前。""香痴"苏轼，留下诸多品香之词。

明清以降，沉香雕刻逐渐出现。但由于沉香原料稀缺，成块又少，多数只能采取"攒门拼接"的技法雕刻，独立成件的作品少之又少。另一方面，传统乃至现在绝大多数人从事的沉香雕刻，并未发挥沉香独特的美感，只能算是一种木雕，即使是现存台北故宫博物院、代表古代沉香雕刻极致的《香山九老》，也属此例。

近百年以来，世道沧桑，巨变接踵，品香的雅事也与普通人生活渐行渐远，沉香逐渐蒙上一层神秘的面纱，即使在传统人文荟萃的徽州，也是如此。近年来，随着经济发展，沉香再度进入国人视野，市场大量涌现出的优质沉香原材，让郑尧锦看到了沉香在焚香品鉴、制作器具之外，成为一门独立雕刻艺术门类的可能。明清以后，所有雕刻艺术门类先后建立体系，达至巅峰，因为材料与雕刻理念所限，唯独沉

郑尧锦沉香雕刻作品中的写实之作：禅逗

香尚未独立，这也是历史留给雕刻艺人们的一个难得的机会。

不同于其他任何材质，沉香雕刻的诱惑在于，其材质千奇百怪，每件都不可重复，因而也赋予雕刻者前所未有的想象与创作空间。与差可比拟的根雕相比，由于好的沉香很小，可以放在手上摩挲把玩，材质本身纹路结构、光泽质感的天然之美、独一无二的香气让大家对沉香雕刻更加关注。

"在传统文化的人文思想基础上将沉香这种自然的美释放到极致，整个雕刻作品就有了生命。"事实上，这也是郑尧锦与目前国内多数以木刻为主的沉香雕刻的区别所在。

沉香雕刻的第一步是选材。首要的原则是选可以沉水的香，此外，沉香的气味、油脂、结构肌理特征、形状质地，都是造就一件完美沉香雕刻艺术品的必要条件。

由于沉香原料珍稀，适合雕刻的沉香更少，也为了保持沉香特性的自然之美，郑尧锦在长期的沉香雕刻中总结了"顶边、留皮、顺丝、冷合香"等独特的沉香雕刻语言。所谓"顶边"雕刻，就是最大限度地采用沉香原料。"留皮"，则是保留和利用沉香在土中埋藏千百年后所形成的独特结眼和肌理，以更好地展现大自然的造化之美。"顺丝"则是指在雕刻中，应尽量利用沉香的肌理油腺设计雕刻，才能增加作品的牢固性。"冷合香"是利用不同沉香的香味、颜色、质地攒斗在一起，使一件沉香作品在嗅觉、视觉上完美组合，成为沉香艺术品的交响乐。

冥想

沉香的这些特点，也为雕刻带来巨大挑战。郑尧锦取出一件在越南红土埋藏的沉香，由于埋藏土里的年代久远，沉香的表层几乎腐朽，这种沉香雕刻起来难度很大，如果不用特殊的技法，一刀下去，两边都会掉落。雕刻红土沉香，对技法要求很高，由于红土沉香内部结构的不确定因素很多，创作中需要极强的应变能力和驾驭能力，因此在他看来，国内现在几乎没有几人在真正意义上可以雕刻这种红土沉香。

除了对沉香本身的理解，在设计与雕刻时尽量保存沉香的自然特性，雕刻的精髓源于用心感受每件东西，深入理解所雕刻的事物。郑尧锦把更多的时间花费在构思和想象作品上面，在安静的工作室、喧

比起雕刻，郑尧锦将更多时间花在冥想与构思之上

闹的 KTV，甚至在火车上、大街上，只要他愿意，闭起眼睛，随时就能想象每块沉香的细节，进入创作状态中。

郑尧锦并不愿意多谈他的创作状态。对他来说，闭目冥想，则进入另一世界，他自己才是那里真实的主人。雕刻罗汉，他便幻想如果自己是这个罗汉，会营造成怎样一个空间。"这边最好来块石壁，石壁上有几棵枯树，甚至上面有几个点都是我自己想要的，就跟画一样，边上有一个小石台，放上我喜欢喝的茶和茶杯，边上的溪流连流水的量是多少，发出多大的声音都是我想要的，不然水流太响会惊扰我，脚边的小草可能就是我桌上最喜欢的那盆菖蒲。""雕花花开"，雕花的时候，他又会把自己想象成那朵花："如果我是花，我要怎么开，从哪边开起，怎样开才能最美地绽放。"每一件作品他都当作是他自己，作品的每一个角落他都看作是他身体的一部分，每一个部分他都用心斟酌，他希望在他不在的时候，欣赏他作品的人都能读懂他，与他交流。

说话间，郑尧锦拿出自己的几个作品。一截细长的沉香被他塑造为一股喷薄而出的溪流，几只蝌蚪蜿蜒其中，跃然水间。一段插入古色古香花瓶中的沉香上面，趴着一只利用自然瘤结雕刻的蟾蜍，一幅"井底之蛙，看到天下"的动感。而在一盘用以供奉佛陀的果子中，栗子黑亮的表层上，自然的褶皱十分逼真，形态各具的核桃、花生栩栩如生。2008 年，郑尧锦一个包含莲蓬、菱角、荸荠的作品《水生三宝》拍得 222 万元高价，据称，几颗真的莲子混杂其间，真假难辨。

郑尧锦并不过分强调雕刻技艺本身，在他看来，综合素质非常重要。雕刻更关键的是其背后作者的修养、原创能力与所表达思想结合的高度。一件真正的艺术品，人们总能从中看出作者的修养、心性与状态，及当下社会的主流意识形态，匠人与艺术家的高下之分也正在此。

一个偶然的机缘下，郑尧锦结识了中国美术学院教授孙皖平。当时郑尧锦正在老街的店铺里雕刻一件竹雕罗汉，一位闲逛至此的老者被他吸引，驻足观看了半小时，看他把一段竹子变成作品，不禁赞叹他造型之准、动作之快。两人从此结识，孙皖平不时请他雕刻，并巧妙地提出很多修改意见。郑尧锦慢慢发现，经他指点修改的作品大不相同，少了几分匠气，多了几分文人面目。此后，又在他指引下几乎跑遍了全国各地的博物馆，学习各个历史时期雕刻造型的特点。

渐渐地，郑尧锦形成了自己早期雕刻独有的学习借鉴之路——"开始是自己雕，遇到什么问题，然后去看书，书看完了再去博物馆看实物，书画与实际操作结合。"

让郑尧锦印象最为深刻的，是重庆大足石刻佛像脸上的微笑，那种微笑是从内心发出来的，内心的那种平静，让他至今神往。

等待

除了不可复得的自然之美，沉香雕刻中的每件作品，那种经过长期构思、灵感乍现的美妙感觉，常常让郑尧锦兴奋不已。

拿到一块沉香之后，郑尧锦要把它放在手里反复把玩，确保沉香的每个细节都装入自己的脑海，之后在漫长的构思过程中，每个细节、结构甚至瑕疵都有可能是他设计的起点或亮点，这是一段"得之我幸，不得我命"的奇妙之旅。

有一次，朋友把一块只有几张 A4 纸厚的沉香交给郑尧锦，看他能不能创作点什么。这让郑尧锦大感头疼，他随手把它放在工作台上，继续忙别的事情去了，偶尔闲下来的时候，会拿在手里把玩一下。如此过了两三年，在一个秋天的夜晚，忙碌到凌晨两点多钟的郑尧锦，像平常一样焚起一段沉香，坐在椅子上定神休息。无意中，他再次瞥到那块沉香，一个念头忽然闪现：它的样子很像两块重叠在一起的银杏树叶，是不是可以尝试做银杏叶？

被自己的念头打动，他很快下楼开车，去找记忆中的银杏叶。兜了一个多小时，他终于在一条道路边找到一棵银杏树，带回几片银杏叶。回到家中，他把所有的细节又想了几遍，研究银杏叶的叶边如何收、

郑尧锦沉香雕刻作品中的写意之作：佛手书镇（其二）

怎么结，凝神屏气，雕刻一气呵成。

至今，郑尧锦的家里还藏有各路朋友送过来请他创作的不少沉香原料。假香、差香不雕，觉得没法创作的沉香也不雕，原则上交付日期不定，他需要将每块沉香的形状特性收入脑中，反复咀嚼，随时准备着灵感的突然拜访。

在沉香雕刻中，等待显得尤为重要。有一次，郑尧锦在北京古玩城闲逛时发现了一株类似莲花形状的灵芝，灵光一闪，想到了此灵芝形似佛国千瓣之莲的圣物，瞬间产生了创作一组干果置于千瓣莲中，供奉于佛陀之前的念头。为了集齐适合制作栗子、花生、核桃的材料，他寻遍各地香材足足等了3年才凑齐。还有一次，郑尧锦发现了一块从越南红土层出土的沉香很像佛手造型，为了寻找与其完美搭配的枝杈，又等了4年多。

随着近年来作品拍卖与收藏行情的看好，郑尧锦有了充分的沉香

郑尧锦沉香雕刻作品：兰花

原料基础，可以自由地设计与创作能充分表达自己思想的作品。除了传统的小写意的仿生器物与人物造型，还创作了诸如《太极》《舞者》等展现大写意的作品。他现在更多的时间还是从宋明以来的画作及博物馆和传统文化中吸取营养。他说，这辈子能把中国传统的东西传承好，就非常不容易了。

最近，郑尧锦以沉香制作各种形状的灵芝，来表现唐代诗人司空图所著《二十四诗品》中所举的 24 种美学境界。目前已完成了一部分。其中的难度可想而知，既要对诗的美感有充分领悟，还要对沉香的特质与产地有清晰认知。如何用沉香雕刻的灵芝表现"悲慨"？曾经的繁华被毁后的结构得有，去哪里找既有这么丰富结构又要有苍凉破败表象的沉香？他自然而然想到了"土沉"。老挝的"土沉"裂得奇奇怪怪，最有可能找到。表现"雄浑"的，适合在越南的土层找，表现"清奇"的，要在香港土沉找。郑尧锦对此已有方向上的判断，所需的只是时间和运气。

由于长期的积累，郑尧锦自己还存有十几箱沉香，在他看来，这些沉香未必都有机会成为作品，除非有了充分的想法，他才会动手去做。雕什么不重要，最重要的是雕出自己的思想，在郑尧锦的理解里，"做任何东西，沉香只是载体"。

甘而可：漆器之器

"漆器和被漆漆过的东西是两码事。漆器是一种成'器'的东西，是我们常常说一个人能成大器的那个'器'。"徽州漆器髹饰技艺代表性传承人甘而可如是说。

"如胶似漆"

甘而可的漆器工作室位于黄山市屯溪区的黎阳老街上，这条在唐宋时期就已经相当繁华的老街，经过 2010 年的城区改造后，新式的现代建筑和传统的民居间杂交替，甘而可呈 L 形的工作室就和一栋典型的徽州旧楼构成一个小小的四方院落，安静，不失古朴。一楼明亮的大厅陈列着他的漆器作品，有热烈的红金斑犀皮漆碗、沉静的绿金斑犀皮漆菱花盒、绚烂的流彩漆茶罐和古雅的鹿角砂香炉。如果有陌生人好奇地进来参观，甘而可又碰巧在楼下，他就会友好地向来人介绍漆器。年过六旬的他穿着整洁的白色衬衣，间杂有白发的头发一丝不乱，叙述有条不紊，语调从容温和，像一个安静的读书人。只有指甲透露出不一样的信息，他的指甲缝里沾上了黑色的漆灰，那是刚刚动完手的痕迹——他刚刚从二楼的工作间下来，那里可不是一个如展厅这般舒适的环境。

二楼是制作漆器的地方，一上楼，就嗅到一股生漆的浓烈的辛香味，在夏天没有开空调的屋子里和闷热的空气胶着在一起。"因为漆

甘而可的女儿甘菲投入更多的时间和精力于漆器制作

在温暖湿润的空气里才容易干，所以我们有时候不开空调。"甘而可说，

"但是生漆和平时生活里我们用来刷房屋的漆是不同的，它天然不刺激，

也对人体没有害处。"工作间的桌子上堆满了大大小小的工具，模具、

刻刀、砂纸、橡皮、刷子……还有石膏做好的胎骨或者已经上完推光

漆的半成品。如今甘而可的"家庭作坊"已经有十余名漆工，其中有

他的亲戚，也有慕名来学艺的年轻人，女儿甘菲本来生活在北京，如

今也被他劝动，开始投入越来越多的时间和精力在漆器工作室里。他

们每天就在这里制作漆器，然而产量是低的——一年大概只能出几十

甘而可作品：流彩漆小盏配托（左）　　犀皮漆小盏配托（右）

件作品，因为要的是"精益求精，不能有一点瑕疵"。甘而可1999年开始试着恢复传统工艺来做漆器的时候，只有他和当年在屯溪漆器工艺厂的同事老马师傅。那时候的工作室在他家旁边，一个顶上是透明玻璃的房间，紫藤搭满了屋顶，春天的时候开出一串串的紫藤花，阳光透过花叶照进来，"在那里面琢磨着怎么把漆器做好，真是一件幸福的事情"。那些年甘而可做出来的漆器，除了印上"而可制"的朱文三字款外，还要印上一个别号"紫盖亭主人"。每一件漆器都是他的作品，他把它们当作艺术品来对待，从来不认为它们仅仅是用具。

1979年，甘而可被招进屯溪工艺厂工作，师从汪福林、俞金海学习雕刻和漆艺。1985年调至屯溪工艺美术研究所，从事刻漆、砚雕、木雕。1990年他又在屯溪老街上开了文房四宝店，同时也卖漆器，但在这期间，他从来没有用传统的、最精细的手法做过一件完整的漆器。终于，

1999 年他关掉了自己的店，做了人生中最重要的一个决定：尝试去钻研和恢复传统的漆器工艺。"我那时候想，人生的追求总不能只是赚一点钱、过好一点的日子吧，我还能做什么呢？想来想去，做漆器最适合我。做漆器需要多门手艺，要会做模型、会雕刻、会画画，又要懂漆。我进工艺厂之前做过 10 年木工，从小练字，会画素描，又懂雕刻，我不做漆器做什么呢？"

自古以来，中国漆器的产地主要有扬州、福州、平遥、天水、北京和徽州，屯溪则是徽州漆器的主要产地。不同的产地，漆器工艺往往有所不同，如扬州以螺钿镶嵌、剔红、点螺为主，北京的漆器主要是剔红和金漆镶嵌，山西主要是推光漆，徽州一带则主要制作犀皮漆、推光漆、描金、点螺等，种类丰富。中国现存唯一一本全面介绍漆器工艺的古代著作《髹饰录》就是由明代徽州新安的漆工黄成所著。当时的工艺水平达到了相当的高度，明代方以智《物理小识》中记载："近徽吴氏漆，绢胎鹿角灰磨者，螺钿用金银粒、杂蚌片成花者，皆绝古未有此。"

徽州漆器产业的兴盛，一方面与其自然条件有关，辖区内多丘陵山区，亚热带气候温暖湿润，使得漆树资源丰富。道光年间的《徽州府志》记载："山民夜刺漆，插竹觅其中，凌晓涓滴取之，用匕刮筒中，碌碌有声，其勤至矣。"天然生漆自古以来就是当地重要的经济作物，徽州的漆艺产业也就有着重要的手工业地位。另一方面，徽州制墨业的兴盛发达也带动了漆器产业发展，各类墨锭、墨盒，都流行以漆为表，漆地上再加绘描金图案做装饰。明代中叶至清乾、嘉年间，徽州的漆艺产业最为兴盛。当时人们的亭廊门窗、桌几橱匣、文房雅玩，莫不以漆为饰。其中又以螺钿镶嵌最为常见，而在工艺上最有代表性的则是犀皮漆、漆砂砚。

传统的漆器手工艺在当地延续数百年，然而自20世纪50年代以来，却与其他手工艺门类一样，渐渐受到现代化机器生产的冲击。徽州漆器制作的主流由传统的私人家庭作坊制逐渐转变为集体工厂制，甘而可当年加入的屯溪工艺厂就是这种新的生产方式的代表。成立于1965年的工艺厂把散落在民间的手工艺人聚集在一起，分门别类，有砚雕、竹雕、木雕、漆器等工艺，漆器中又细分脱胎漆器、描金彩绘、螺钿镶嵌、犀皮漆、漆砂砚、百宝嵌等。然而进入工艺厂的年轻人，不再能够系统完整地学到制作漆器的整个过程，现代化的分工使得从前的传统出现了断裂。80年代以来，在整个传统工艺行业都不受重视、日渐凋敝的背景下，工艺厂只得抛弃原来以天然大漆为主的原材料，将生漆灰改为普通灰，推光漆改为腰果漆、树脂漆，木胎上裱夏布的工序也被省略。漆器工艺逐渐衰落，漆器的品质也大受影响。

"我看过日本的漆器，还有日本收藏的我国古代的漆器作品，我就想，我们为什么不能跟以前比，跟日本比呢？我没有多想，我就想把漆器做成最好的东西，可以和传统的其他好东西相比占有一席之地。"甘而可把这个念头放在了心里。

好的东西从头到尾的每一个步骤都要完美，这是甘而可的信念。人们关注漆器，多关注漆器表面的髹饰工艺，因为这是最显而易见、最吸引人的，但甘而可要从最基本的漆器胎骨做起。漆器做胎用得最

漆器制作的部分步骤：1. 生漆和灰（左）　　2. 生漆搅拌（中）　　3. 调漆（右）

多的是木胎、陶胎，金属胎和皮胎也有。为了让胎骨坚固，木胎一般选用老楠木或者老银杏木，细腻坚固，不易变形。得益于 10 年木工的经验，甘而可做起木模来得心应手，他能把碗的木胎打磨到像纸片一样薄，而且碗口的大小、高度，几乎没有误差。"如果我要做直径 10厘米的碗，做胎的时候我会给后面的裱布、上漆预留出空间，大概直径就做比 10 厘米小一点，再通过后面的许多道工序来调整，少了要补，多了要磨，总之最后不能有一点偏差。"甘而可做一个圆状的菊瓣盒，一共由 48 个"菊瓣"组成，大小要一模一样，盒盖无论从哪个方向盖下去，都可以严丝合缝。

　　胎形做好以后，要裱上夏布，再刷上生漆和古瓦灰制成的漆灰。夏布是由苎麻的纤维横竖织成，极有韧性，用人力难以扯断，裱在胎体上可以有效地防止开裂和变形。漆灰也有讲究，除了古瓦灰外，也可以用鹿角霜或者蛤蜊壳烧的灰，然而古瓦灰经过烧制最为稳定，和

漆器制作的部分步骤：4.打垫（左）　　5.上漆（中）　　6.打磨（右）

生漆调和之后黏性更强，因此是上佳的选择。由于漆的黏合性，夏布会变得很服帖，一天之后趁漆将干未干时，再将夏布进一步压实，批灰则要把夏布的孔全部填平。这道工序是"层层裱布，层层批灰"，每当批灰一次后，就要把胎体放入温暖湿润的阴房等它阴干后再重复进行这道工序，时间长达几个月。"漆能不能干，是根据天气、温度、湿度决定的，裱布一般三五天至一个星期就干了，但一旦错过最佳的干燥期，就会拖得很久。"尽管时间长，但甘而可要求和他一起做漆器的师傅绝不在这上面偷工减料，因为胎骨的坚固才能保证漆器保存得长久。尤其是做脱胎漆器，等到完成了裱布、上漆、批灰的重复工序之后，还要挖出之前做型用的石膏，剩下的胎骨完全是由夏布、漆和古瓦灰构成。漆的黏着性和干透之后的坚硬度，也由此可见一斑。

做完胎骨后，接下来就是在上面刷推光漆，并进行打磨让它平整，这也是无论哪种工艺的漆器都要完成的基础步骤。生漆的颜色本是浅

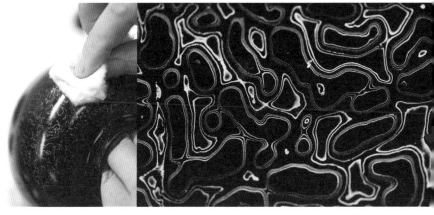

漆器制作的部分步骤：7. 抛光（左）　　8. 犀皮漆纹理细部（右）

褐色，在氧化之后会变得越来越深，再调入一些硫化亚铁，漆色就呈现出浓稠的乌黑色。推光漆多为这样的黑色漆，因为没有加入任何颗粒物质，漆的硬度没有受损，能让胎体更加稳固。这样的漆也需要一遍又一遍地涂到胎体上，并且经过反复修整，将高处磨平，低处用漆灰补上，最后才做成一个完整的胎骨。甘而可做过一个试验，他制作了一只虎口大的海棠杯胎骨后，小心翼翼地站了上去，想试一试它的坚固程度。"我当时心里很紧张，因为做一个胎骨很不容易，要好几个月的时间呢！但是又很期待，我觉得我做的胎骨经得起考验——果然，毫发无伤。"

　　制作胎骨的时间，占了整个漆器制作时间的一半。一遍又一遍重复的工序，看上去枯燥乏味，甚至也还没有显现出漆器最吸引人的美感部分，然而每一个步骤的完成，需要绝对的专注与细致的手法。甘菲在弥漫着熟悉气味的工作间里，目睹了一件件漆器诞生过程中的细节：与生漆同样胶着的人的汗水，为了保持湿度而显得闷热的房间，在沾满生漆、木屑、石膏的手指间逐渐显出光亮来的漆面。"我开始感受到手工艺的温度，开始理解它的价值，在日复一日的劳作中诞生的属于它的质朴的美感。"

"如琢如磨"

在完成的胎体上进行不同的髹饰工艺，最终呈现出的就是不同类型的漆器。黄成在《髹饰录》中按照漆器髹饰工艺的不同，将之分为质色、纹刷、罩明、描饰、填嵌、阳识、堆起、雕镂、戗划、斑斓、复饰、纹间、裹衣、单素这14个门类，其中填嵌类历来备受推崇。明代高友荆《燕市漆器歌》称："品题第一号填漆，再次玻罗次剔红。"董其昌的《骨董十三说》则谓："漆器……其佳者有古犀毗，有剔红，有堆红，有戗金，有攒犀，有螺钿。"其实，高友荆所说的"玻罗"也就是董其昌所谓的"古犀毗"，在工艺上也属于填嵌类。王世襄《髹饰录解说》中认为："凡是在漆面上刻花纹，然后用漆或金，或银，或螺钿等物填嵌进去的，或用稠漆在漆面做出高低不平的地子，然后用漆填入磨平的，都列入这一门类。"因为备受推崇，而且稀少，工艺要求高，甘而可最想要恢复的就是犀皮漆的制作工艺。

"犀皮"的称谓来源一直没有定论。在《髹饰录》中，"犀皮或作西皮或犀毗……"，名称的多样更是让说法不一。一说犀皮漆受西方马鞯之启发，被马镫摩擦凹陷处有黑、红、黄等色相叠，粲然成文，而后漆工仿制，故曰"西皮"。另一说则认为"毗"指犀牛的肚脐，"其脐旁四面文如饕餮相对，中一圆眼，坐卧起伏，磨砺光滑"。无论哪种说法，都形容出了犀皮漆的外观特点：五色相叠，间杂斑驳，有黄成形容的"片云、圆花、松鳞诸斑"，而表面又是光润平滑的。现存最早的犀皮漆实物是三国吴朱然墓出土的一对耳杯，现藏于安徽省马鞍山市博物馆，红褐两色相间，纹理疏略，但已经有了犀皮漆的特征，而在宋代吴自牧《梦粱录》中，已经有了"清湖河下戚家犀皮铺"与"游家犀皮铺"的记载。

然而犀皮漆工艺却在20世纪的生产方式变迁中逐渐失落了。"80年代时，工艺厂的俞金海老师傅恢复了做犀皮漆，但是他去世后，这门手艺又失传了。"甘而可说，俞金海和他的父亲交好，自己属于晚辈，但是并没有机会正式拜俞金海为师，因此也不曾学到这门手艺。"以前的手艺人有什么独门绝技是不会跟外人讲的。我那时候并没有做漆器，所以俞金海师傅做这些手艺的时候还不会回避我们，有时候去他家玩，也看到一点，但是因为当时不做漆器，所以也并没有留心。"

甘而可研究犀皮漆工艺，还要得益于王世襄和袁荃猷夫妇的相关研究。当年王世襄注解《髹饰录》，对犀皮漆的工艺百思不得其解，后来袁荃猷无意中结识了北方犀皮漆制作工艺代表人物桂茂栲先生，从他那里获得了许多珍贵的一手资料。桂茂栲先生做犀皮漆的手法，是在烟袋杆上先上一层石黄入生漆，调成厚"底"，趁其未干，用拇指推出一个个突起的小尖，名曰"打埝"。入阴房干透后，再把红漆、黑漆相间地涂在尖顶上，上一次漆入一次阴房，共四五道，为的是尖端长得更高些。此后通体上漆，最后用磨石及炭打磨，凡是打埝高起的地方，磨平后都围绕着一圈圈红、黑的漆层，形态像松鳞，层次分明。

这些描述给了甘而可很大的启发，他意识到"打埝"是制作犀皮漆的关键。"埝的形状、高低、疏密，决定了之后磨出来的花纹是什么样的。"打埝首先需要调制稠漆。为了增加稠度和硬度，甘而可往生漆中加入一些蛋清，这样的漆用来打埝才"立得住"，否则就会慢慢塌下去，没有高度，也就没有了后面多层上漆的基础。但是由于埝的高起，往往外面的一层漆干了之后里面还没有干，就会产生皱皮收缩的现象，所以这时候甘而可反而要想尽办法让外层的漆干得慢一些。

打埝的手法则多变，只要能将埝施布得宜，方法不拘一格。常用的有"推埝"，即是桂茂梓所用的手法，此外还有"沾埝"，选用老丝瓜络中肌理丰富的部位，蘸稠漆在漆胎上起花纹。这是甘而可常用的方法，他觉得丝瓜络肌理丰富，蘸漆打在漆胎上会出现各种奇异形状。"以此种方法打埝，层层髹色漆经打磨后大多能呈现行云流水般的花纹。也正是因为我用了这种手法，做出的犀皮漆肌理更接近明代犀皮漆，线条比较自然流动。"此外还有"篦埝"的手法，先将稠漆均匀髹涂、覆盖在漆面上，用竹片或木片制成弯曲的形状，在稠漆面上按压起花纹，这样的犀皮漆表面的花纹大小较为一致。

甘而可打埝的时候，看上去像是在写行云流水的草书，用丝瓜络蘸取稠漆之后，手法灵动跳跃，推光漆面上就出现了或大或小或长或圆或粗或细的图案，而且还彼此粘连，绝不相同，又浑然一体。"光看是不行的，得心到，眼到，手到。"甘而可说，如今的熟练得益于无数遍操作的经验，同时年轻时的绘画功底也帮了不少忙。打埝之后，待稠漆阴干，就要上一遍遍的色漆，如同之前制作胎骨时一般进行周而复始的工序。

色漆是由生漆加入不同的色料粉末调制而成，诸如银朱、朱砂、石黄、石绿、珊瑚等。最基本的色漆以红、黄、黑为主，明代杨明在《髹饰录》注中对犀皮漆的色漆髹涂方式做了详细介绍："黑面红中黄底为原法。红面者，黑为中，黄为底；黄面赤、黑互为中、为底。"然而人们为了犀皮漆色彩的丰富，也往往会加入绿色、紫色、褐色等。为了让颜色更加绚丽生动，甘而可还仔细琢磨加入黄金的方法。他在漆面刷一层用 60% 的生漆与 40% 的桐油专门调制的金胶漆，然后将极薄的金箔贴在漆器上，再刷上一层透明漆。在后期的层层打磨下，金箔会随着埝的形状，如同色漆一样，显现出变幻莫测的条纹。"丰富的纹理是犀皮漆的关键所在。古代的犀皮漆作品，色泽凝厚不透明，有板结感和平面感。我希望在色彩上尝试一次突破，因此引入了古代从未用过的一些原料，如金、银等贵金属，及松石、珊瑚等。与传统色料相比，它们色泽更为鲜艳，气息更为华贵。不管磨成细粉还是碾成碎屑，都能在漆层中显现出丰富的色斑。"

经过多次髹漆和阴干之后，漆面高低不平的埝已经逐渐被后来的色漆填补得平整，这时候就要进行打磨，这是让纹理显现的过程。最开始显露的是围绕着埝的一个个豆斑纹似的点，随着打磨的加深，点会逐渐扩大，一层层的色漆随着埝的形状开始显现出一圈圈纹理，这些圈、线不断往外扩展，连在一起，形成千变万化的线条、图形，最终变成袁荃猷所形容的"或作行云流水之文，或像松树干上的鳞皴，乍看很匀称，细看又富有变化，漫无定律，天然流动"。

打磨看似简单，实则也是个有讲究的活儿，需要分成粗磨、中磨、细磨三个阶段，每个阶段所用的砂纸的粗细程度和力道都是不同的。"粗磨需要一定的力度，磨下去的厚度要根据埝子的高度来协调，也不可下力太猛。待到漆面显露出一个个色漆的晕圈之后，就要改用颗粒较细的砂纸打磨，等待这些晕圈旁边的花纹层次一一显露。"然而问题的难点在于，磨到什么时候要适可而止？在甘而可看来，对"度"的把握，可以说是最难的。"即使磨到了较为理想的漆面，仍需要制作者判断：下面的漆层会不会更美？会不会超越现有的效果？"这是犀皮制作中一个颇具挑战性、冒险性的工序——保守止步，也许未知的奇妙的肌理显现不出来；继续打磨，现有的肌理又有可能被磨散掉，同一色的色漆层相遇，不仅没有层层相叠的效果，反而变作通体繁复变幻的犀皮漆肌理上一块显眼的单色色斑了。

"很多东西是潜移默化的。我父亲是给人照相的，我以前就帮他洗照片，看曝光的程度，是过度了，还是不够？这都要调整。我觉得小时候的影响让我对'度'的把握更加准确。我有时候就想，做任何事情，对'度'把握不了，都是驾驭能力不够的表现。做得最好，就是要不偏不倚、恰到好处、适可而止。这跟为人也一样，不能过于偏执，也不能过于随意。我觉得对于任何事物的把控，都是一样的。做漆器跟做人，真没区别。"

"有器之用"

甘而可喜欢将他的人生哲学放到制作漆器的过程中，相互印证，这让他每日的手工劳作仿佛也多了一份自我禅修的味道。他看中做事做人的"度"，也看中"温润如玉"的信条。生活中的甘而可，在身边人看来，对待工艺的要求极为严苛而没有丝毫放松，但他向来举止温和，言行有度，不向人发火也很少着急，颇有君子之风——打磨自己的性情，也正像打磨一件心爱的漆器一样。

漆器制作的最后步骤，是要在漆面进行抛光或退光的处理。抛光又称推光，是通过摩擦，让漆面分子在特定温度下重新排列、均匀结膜，反复多遍，直至漆面达到晶莹光润的效果，然而光芒要温润，触手生温，却不能过于刺眼夺目，也并非仅仅罩上一层清漆般的油亮。"你见过那种用了几十年的木椅扶手处形成厚厚的透明质感的东西吗？还有从前大户人家门前石狮子的头，被日复一日摸过后也会形成的，我们管它叫'包浆'。任何材质经过一定年头的反复使用，都会形成这样一层厚厚的包浆。我们在抛光时追求的，就是在短时间内，让它以密集、洁净的方式实现类似于包浆效果的晶莹的醇化。"

黄成在《髹饰录》中形容推光要如"玄玉"，退光则要如"乌木"。最初推光时，甘而可会用棉花蘸取少量的油和抛光粉，代替手指来轻柔地摩擦漆面，因为如果从头到尾直接用手，皮肤恐怕早已经不能承受。但是最后的推光，一定要直接用手。"唯有手掌的肌肤与经验能感应漆面推光的温度与频率，方能形成细腻、晶莹的表面质感。"

"退光"则是另一些髹饰工艺制作的漆器所需要的，在甘而可看来，要根据制作器物的气质来判断，它到底是要光洁照人，还是要古朴含蓄。他尝试制作的鹿角砂八棱净瓶，就需要退光的工艺。他的鹿角砂工艺灵感来自古代做琴，人们在漆灰中加入鹿角霜，这是一种鹿角熬制之后的细颗粒，加入漆中可以使其变得较为松软，适合琴身的发声共鸣，而它呈现在表面的深浅不一的褐色颗粒，又显得古朴美观。甘而可想要达到这样的髹饰效果，又想同时保持漆器的硬度不受损害，多次钻研，最后想出了通过特殊的制作手法来营造鹿角霜的感觉。在鹿角灰中加入辅助颜色的矿物质粉末和极细的金砂，最终达到鹿角霜呈现在漆面的效果，而通过"退光"使得光亮向内收敛，净瓶的色泽就变得更为含蓄沉着。

这种尝试是甘而可在制作最拿手的犀皮漆外，喜欢进行的尝试之一。在他看来，一名好的漆器工艺师，必须不拘一格，要对漆的性能了如指掌，对它的各种变化及可能性不断探索。他尝试用漆的表现力，做出木、瓷、石等材质的感觉，一眼看去可以以假乱真，然而拿到手中，"人们就要感叹它怎么这么轻巧，原来是漆器！"每当这时，甘而可就会非常兴奋，在他看来，对别的材质的成功模仿，是对漆器表现力的探索，这出自他对漆器的追求。"在别人眼中，漆器只是很固定的模式，但是漆器可以表现的范围应该更加宽广，更有深度和高度，这就要靠漆艺家不断探索、尝试、发现，来丰富漆器创造的途径。"

甘而可和他的漆器探索，有时候看起来颇有一点冒险，漆器的做法变化多端，全无定论，于是他去尝试各种各样的工艺：螺钿镶嵌、金银平脱、剔红、剔彩、戗金……并且试图在原有的工艺上改进，创制出凹凸推光、流彩漆等髹漆工艺。但是精品漆器的制作，全凭手工，失败率高，产量极低，这种家庭式的手工作坊，产量也就更低。2009年，甘而可被评为国家级"非遗"传承人，这是对他所选择的路子的肯定。这种不断的尝试和追求，在甘而可看来，驱动力在于"美"，在于对漆器之"器"的认同，在于它随物赋形、变化万千的魅力，以及自身价值在其中的呈现。

"其实漆器从实用器皿的功能性而言，早在汉代就已被淘汰掉了。它之所以历千余年流传至今，是已经抛除、剥离了功能性，仅仅将价值求诸审美性和艺术性的制造动机。它卖的是'工'和'艺'，很可能后者更受重视。"甘菲说。因为学习考古文博专业，她在收集古典文献资料和艺术设计上参与了不少工作，也让她对父亲从事的这项创作有了更多的认可。"就是这种脱离了实用性、功能性、必需性的人工制品，才能在时代反反复复的潮流更迭里，不受革新的影响。它只从工艺内部生发和演进，从'美'的目的出发，不需要追逐社会而保持它自己的节奏。因为从某种意义上来说，漆器两千年来承载着中华文明中一部分最雍容华丽的'无用'。"

后记

在2015年的这次采访之后，甘而可还在持续进行漆器工艺方面的研发。改造和推进绢胎、卷木胎、脱胎成型工艺，还引进了一批新材料，研发出了全新的犀皮漆肌理和漆面装饰手法。目前，他已经带徒几十人，培养了一批经验丰富、手艺扎实的徒弟，这些人都将成为中国漆艺发

甘而可作品：红金斑犀皮漆碗

展传承的中坚力量。

专注创作漆器作品之外，甘而可工作室还与一些国际顶尖品牌保持合作，将传统深厚的漆器工艺融入当代设计，创作出一批全新面貌的当代漆器精品，在拍卖场上取得佳绩。近年来，甘而可漆器作品屡屡被国际大博物馆收藏。2017年，与爱马仕"上下"品牌合作的作品《如园——红金斑犀皮漆天地盖盒》被大英博物馆收藏。2021年，美国大都会艺术博物馆收藏了甘而可的五件作品。

李小平：把一支笔做好

只有回到历史，回到毛笔史与书法、文化史交错的空间里，才能真正弄清楚毛笔制作技艺的演变传承，谈得上承继与创新。

笔都文港

一缕光线透过天窗打在布满苔藓的地上，在江西进贤县文港镇周坊村的一间老屋里，李小平指着屋角一只同样布满苔痕的木盆说："这就是做毛笔用的水盆。"

在淳安堂的造笔间里，李小平的妻子和岳母各自忙碌着。这里还有四名远道而来的学徒，他们在自己的制作环节上安静地干着活。对技术痴迷的李小平对他们要求很高，常常在半夜起来把徒弟们做的笔挨个检查一遍，做得不好的再重新制作。

"我的性格比较慢，在缓慢的发展中，自己也不知道哪个点踩得最合适。我们以最保险的方式慢慢推动它，这样你不会出什么大问题。"李小平说。

这是一个以毛笔为业的镇子，家家户户都会做笔。作为临川文化的发源地与词人晏殊的故里，这里自古文风兴盛、笔翰传家。吃过早饭，我们在文港镇的老城中心转了一圈，发现不少人家的门前都摆放着一桶一桶的毛笔，还有一些年老的妇人坐在门口整理着笔头。另一条街上，

在李小平看来，制笔的关键在于如何搭配性状各异的动物毛，以达到特定书写性能

则全是挂着古色古香牌匾的笔庄，李小平的"淳安堂"就在其中。

据《赣东史迹》记载，文港制笔的历史已有 1700 多年，晚清民国的四大制笔名匠——上海周虎臣、武汉邹紫光、北京李福寿、湖州王一品中，周、邹两位分别来自文港镇周坊村和前塘村，占据当时笔业的半壁江山。

然而，这份历史的荣光，正面临着时代的冲刷。光阴流转，毛笔已从主流书写工具逐渐退居为文人雅士的案头之物。作为一个传统的门槛很低的行业，许多地方的制笔业面临着其他现代产业的冲击，愿意从事这一行当的年轻人越来越少。以最有名的湖笔为例，做毛笔头的从业人员约 200 人，宣笔的从业人员也只有一两百人。有"笔都"之称的文港，占全国毛笔产量近 80%，从业人员有好几千人，情况似乎要好得多，可在李小平看来，只是"因为当地没有其他优势产业，文港的制笔现状并不尽如人意，只是保留住了传统"。

文港不乏制笔大师，但论起对毛笔制作工艺及相关文化研究的痴迷，李小平恐怕得排在前面。李小平认为，弄清毛笔的历史，才能定义今天毛笔所处的历史阶段，此外，还会促动人们对书法史的再认识，从而有可能使当代书法展现出不同的面貌。李小平研究制作的仿唐代缠纸笔，配以古法制作的唐纸，使书法更有唐代的味道，在他看来，"现在很多搞书法的人讲究所谓'唐法'，更多依靠技术动作，而忽视了书写工具及书写载体的关键性"。

"一桌毛笔"

与周坊村世代做笔的人相比，李小平算是一个外来户。1988年，15岁的李小平跟着父母来到这里，已读到初中三年级的他，喜欢文言文，还得过县里的语文竞赛第二名。由于家里太穷，他主动放弃学业，跟着一位师傅学做笔。此前，他对毛笔并没有太多认识，只记得一次在课堂上弄坏了描红的毛笔，山区没有卖毛笔的商店，他把头发绞下来，绑起来塞到笔杆里，做了自己人生中的第一支毛笔。

学艺之路并不顺利。还是因为穷，李小平等不到三年学成，只学了一个月便放弃了，凭自己的业余爱好刻字，赚钱补贴家用。1990年，刻一个字3厘钱，年轻的李小平不知道累，加班加点，一天能刻1.2万个字，月入千元，日子过得相当滋润。

但刻字并不足以立身，一有空闲，他就琢磨怎么做笔。与其他人不同，李小平更多以玩的心态，想着怎么把一支笔做好。事实上，这

李小平的收藏中，有各种材质的古代毛笔

其中也有怄气的成分。1989年正月，李小平跟师傅第一次出远门谈业务。在郴州师范学院，师傅请学院老师吃饭，席间老师提出意见，说笔没有上次的好用。回到旅馆，李小平问师傅，为啥毛笔不能一支一支做好，这样就不会出现类似问题。师傅斥道，自古没有这个事情！毛笔业有句行话叫"一桌毛笔"，一批数以百计，哪有一支一支造笔的道理？李小平暗下决心，一定要靠自学，先把一支笔做好。

自学起来并不容易。小小的毛笔，按照传统工艺流程，细分可分为120道工序，粗分也有二十几道工序。毛笔的笔头分为笔柱、披毛两大部分。笔柱相当于笔芯，决定了一支毛笔的硬度与受力程度，往往由多种不同种类、形状、长短的动物毛混合而成，体现在配料环节的配比方式，最为考验制作者的功力。披毛，是披在笔柱外面的一层

外衣，一般为单纯成分的动物毛，以提升笔的审美和性能。这两部分由干都要在水里完成，也称为"水盆"，每个部分的工艺又分为选料、理毛、去脂、去绒、齐毛、切料、混毛、剔毛、配料、梳衬、卷笔、披毫、上灰、绑笔 14 个环节。笔头完成后，依次还需要经历笔杆制造、装配、修笔、刻字几个环节，称之为"干作"。

刚开始做笔的时候，李小平折腾几天时间才能做好一支笔，偶尔的成功让他很高兴，可等到下次再如法炮制，却不是总能做好。想来想去，发现问题出在动物的毛性状各异，稍有不同，做出的笔书写效果也千差万别。李小平慢慢搞清楚，做好一支毛笔，最重要也是最基本的问题在于，如何通过对不同种类与粗细的毛的搭配，从而达到特定的书写性能。

选料是最重要的一步。经过长期演进，目前毛笔的主流原料粗分为兔毫、狼毫与羊毫，由于颜色、长度与生长部位各异，其性状又各不相同。兔毫是野兔脊背上的毛，前人将其按品级依次分为紫毫、花毫、三花、五花、七花。其中，紫毫为纯黑色的兔毫，由于毛色漂亮，弹性、灵敏度俱佳，最易折损也最为珍贵，在古代往往被作为贡品。狼毫为黄鼠狼尾巴上的毛，比紫毫软一些，毛锋和弹性也很好。羊毫最软，等级和性状最丰富，"来得也最辛苦"。只有在四季分明、水草丰润的江浙地区出产的羊毛才可使用，而且还得是在上半年出生的一年生公羊，因为只有在冬天寒冷时长出的毛才可用，而屠宰一般在腊月进行。李小平介绍，一只羊身上的毛共分为70多个品种，有20多种可以用作制笔，顶级的毛只有几种。前几天，他还和一个贩羊毛的老人聊天，对方告诉他，1吨羊毛里只能选出2斤可以做笔。

在淳安堂的茶桌上，李小平拿出他珍藏的各种动物毛，一脸自得。"这种顶级的紫毫，过去一个地区每年上贡的量不过6两（16两旧制），我这里一年收几斤。"他又指了指墙角细瘦的老湘妃竹，一根价值好几万元。

制笔与用笔

1992年，李小平和妻子正式开始做笔。他们的毛笔制作虽然精益求精，销售情况却不理想。那时市场上毛笔便宜，同样的一支笔，别人卖5元已经很贵了，李小平的笔成本就要6元，叫好不叫座。更重要的是，当时还没有形成充分竞争的自由市场，百货商店、一级供应站、二级供应站、学校的传统销售渠道非常强势，一无品牌二无市场的家庭作坊，完全没有话语权。做了一年多时间，李小平发现自己做的笔质量虽然得到内行的认可，却无法帮他在当地谋生，更谈不到提升社会地位了。

1993 年，李小平决定出去跑业务。20 世纪 90 年代初，许多国营造笔厂为了打开市场，也都跑往各地联系业务。幸运的是，他在杭州碰到了同为笔痴的新兴斋笔庄老板张新根。试用之后，张新根把他的笔全要了，还告诉他有多少要多少。销售的问题一举解决。两人变成家人一样的关系，到 1997 年李小平创立自己的品牌后，至今仍然以低价为新兴斋笔庄贴牌生产。

2002 年，通过农耕笔庄的主人、中国毛笔博物馆创建者邹农耕，李小平首次接触到了互联网，两人在书剑江湖论坛创办了第一家网络毛笔店，再也不用去各地跑业务。与同好的频繁交流，还有互联网上的大量信息，打开了李小平的视野。他开始意识到传统毛笔行业的最大问题是，毛笔的制作与使用是脱节的，由于做笔的人并不具备书法方面的专业知识，制笔仅仅作为一个传统手工业被传承下来，过去怎么做，照着做就行了。至于为什么要那么做，对毛笔制作的原理与背景，多数人并不清楚，许多重要的信息在传承中遗失，徒具形式。

研究起来很有意思，由于对毛笔纸张等器物的历史并不熟悉，一些学者往往把书法的历史讲得很玄乎，并不符合史实。从古至今，做笔的原理，首先解决的是实用性问题，作为书法的艺术欣赏层面则排在后面。

早期的笔由于在宽度只有1厘米的竹木简上书写，只需要一点笔头，以硬度比较高的兔毫为主。李小平想起1999年跟师傅在长沙马王堆辛追墓中看到的兔毫笔，正是那个样子。有汉一代，笔都很小，变化也不大，主要是为了记录。魏晋时期，开始有人研究毛笔，魏国的韦诞在《笔经》中将制笔的方法谈得很具体。

晋代多用纸张，书写范围变大，笔头变大，成分增多，表现技法也更多了，出现了书法史上的一个巅峰——"二王"。笔头做大后，如何解决弹性的问题？古人想了一个很简单的办法，用纸把笔芯缠起来，笔的使用余地受到限制，同时增加披毛数量，在保证弹性的情况下，并不影响蓄墨效果，这就是风靡一时的唐代缠纸笔。

宋代出现了宣纸，纸张更大，文风鼎盛，缠纸笔笔芯太硬，写不了大字，写出来的字缺乏意趣，成为致命问题。宣城人诸葛高发明散卓法，将笔从缠纸中解放出来，成为现代毛笔的原型。笔的形制改变，需求与表现更加多元，原料也从兔毫到狼毫再到羊毫，逐渐丰富起来。明清之后，价廉物美、性能丰富的狼毫得到普及，逐步取代兔毫。清朝中叶以后，羊毫兴起，逐渐成为主流。清代金石学兴盛，书法流行碑帖，羊毫配生宣写碑体达到完美的结合，而湖笔精细到无以复加的纯羊毫毛笔，也成为毛笔史上技术水平最高的一个阶段。

研究了一段时间，李小平决定仿制古代毛笔，以了解其在规定形制下所能达到的理想书写性能。一次，他发现在日本奈良东大寺的正仓院中，还保存有17支采用缠纸法制作的唐代毛笔。通过参考网上的图片资料，以及日本电视节目中制作缠纸法毛笔的教学视频，再加上

自己几十年的经验积累，李小平仿制出了唐笔。这前后花了七八年时间，而很长一段时间花在笔杆、纸张等前期准备上面。

仿制古笔，第一是外形，第二是性能。因为外形在很大程度上做了限制与规定，只有在外形很像的前提下，达到与古人相近的性能，才能深入理解古人做笔的技艺。唐代缠纸笔中，雀头笔与鸡距笔非常有名。雀头，顾名思义，笔头形似麻雀的头，笔锋很短，根部很胖。鸡距笔则是雀头笔的升级版，笔尖形似公鸡爪上不着地的后爪（也叫鸡距），更为粗壮有力，白居易在《鸡距笔赋》中对其大加称颂："足之健兮有鸡足，毛之劲兮有兔毛。就足之中，奋发者利距；在毛之内，秀出者长毫。合为乎笔，正得其要。"

在仿制鸡距笔的过程中，李小平逐渐理解了鸡距笔在唐代流行的文化背景。唐代佛教兴盛，由于还未出现活字印刷术，抄经盛行。"鸡距笔的出现，为抄经提供了一个便利条件，因为它蓄墨多，可以保证经生在蘸一次墨后，能够连续书写几十个字。"

仿造古笔对李小平来说，并不是一个噱头。站在行业的角度，传统需要被理解、挖掘、保护、传承下去，"最传统的东西最容易丢失"。此外，李小平并不希望传统的东西被复原出来后，只能放在博物馆，与现实没有任何联系。他希望自己的研究能帮助人们弄清毛笔的制作原理，了解艺术的起源和本质，再将这种理解渗透到与时代结合的艺术品上，使传统同时能够被使用与欣赏。

2008 年，李小平在周坊村办了一个毛笔生产厂，淳安堂也由过去的家庭作坊变成一个拥有 12 个雇工的小厂。多年过去了，厂里的员工还是只有十几个人，产量与营业额也一直维持在 6 万支与 300 万元左右。"小平更多还是一个匠人，他身上商人的气息不浓。否则，规模早就做大了。"前往机场的路上，李小平的小舅子对他这样评价道，作为姐夫的得力助手，他在这一行已经干了十几年。

很长一段时间里，毛笔产业并不景气，周坊村的许多年轻人都放弃了制作毛笔，转而投入更具经济效益的字画生意。近年来，随着"国学热"兴起，毛笔产业重新迎来发展契机。研究之外，李小平也意识到自己该为整个行业做点事情。在他看来，目前市场上最有代表的湖笔和赣笔各有问题。湖笔目前奉行的传统只是近代羊毫笔的传统，而把它之前更加丰富多彩的传统丢掉了。赣笔的名字也只是在最近被提出，文港笔的传统虽然保存得不错，但缺乏文化品牌，长期沦为其他产区的代工。如何在整理传统的基础上，将文港毛笔所传承的赣笔做成真正的品牌，成为李小平下一步需要思考的问题。

饶家人：元青花复烧记

在饶家人看来，如何烧造出完美的元青花，造物者始终走在探索的路上。

艺无止境

"屡战屡败，屡败屡战。"饶志阳总爱用这八个字来总结父亲饶克勤 30 多年来对元青花的执着。尽管早已是业内公认的元青花大师，70 岁的饶克勤始终低调而严谨。他告诉我们，一直到现在，自己仍然在摸索，仍然在碰壁。老爷子的头发已然花白，但腰板依然笔直，不说话时，眉眼间尽显威严。聊起往事，一向不多话的老爷子却似打开了话匣子。

饶克勤与青花的缘分始于 55 年前。1960 年秋天，15 岁的饶克勤挑着行李，从江西丰城老家风尘仆仆赶来，站在景德镇陶瓷学院的校门口。此时的他内心是喜悦的，他曾经梦想当一名飞行员，但父亲曾是国民党军医的"出身"，让这个梦想注定破灭。喜爱画画的他在初中毕业后，参加了江西省艺术院校的联合招生，没想到竟然被景德镇陶瓷学院录取。虽然只是中专，但对于家境贫寒、出身"不好"的他来说，已是幸事。

在懵懂中，饶克勤被分到了青花班。除了素描、水粉、水彩等基

饶家人仿制的元青花瓷

础课程外，学院还专门从瓷厂请来画坯的老先生，教习传统青花的勾线、分水技法。在饶克勤的印象中，那全是清三代的画法。即便是在景德镇这个"城以瓷兴"的千年老城里，此时的人们对元青花仍一无所知。毕业时，饶克勤刚好赶上1963年开始的景德镇工人"下放"潮，正在重建的景德镇高级美术瓷厂（后改名为民瓷厂）把陶瓷学院总共98名中专毕业生全部招进厂里。丢下画笔，拿起铁铲，18岁的饶克勤成了一名烧炉工人。

11年后，景德镇陶瓷馆的文物建档和撰写论文工作需要拍摄瓷器照片，有人推荐了痴迷摄影的饶克勤。他曾经咬牙花60块钱"巨款"从百货大楼买回一台海鸥牌折叠式照相机，苦练摄影技术。机缘巧合下，饶克勤就这样借调到了景德镇陶瓷馆，从事瓷器图片的拍摄和收集工作。而他那些仍然留在瓷厂的同学，或当干部或当工人，却几乎与青花画坯再无关联。

对饶克勤和陶瓷馆的同事们来说，元青花的启蒙源自几年后日本人送给景德镇陶瓷馆的一套"陶瓷大系"丛书。这套由日本平凡社在1972—1978年出版的48册丛书中，第41册名为《元的染付》，明确将元代青花和明代青花区分开来。20世纪50年代，英国大维德基金会收藏的一对至正十一年（1351）青花象耳瓶被确认为元代真品，随后美国人波普博士的"至正型"元青花研究成果公之于世，但直到70年代末，国人才开始知晓和认可元青花的存在。

说来凑巧，江西高安随后出土了多达19件元青花实物，为国内博物馆馆藏数量之首。第一次近距离接触到如此大量而完整的元青花实物，特地赶去参观的饶克勤和同事们印象深刻。其中，出土的6件元青花带盖梅瓶，在盖壁与底部分别见有墨书"礼""乐""射""御""书""数"六字款。瓶身青花呈现出极浓艳的颜色，并有自然晕散，积料处可见明显的铁锈斑。绘画纹饰，用笔奔放活泼，愈发显出龙的凶悍。

就像被勾住了魂魄，复制元青花的念头不断在饶克勤的脑海中发酵。陶瓷馆的陈孟龙和李会中两位先生在20世纪80年代初最先开始试验。"刚开始非常艰难，景德镇有10个大瓷厂，但在计划经济条件下，要弄一个坯都很难，只能托熟人去周边的日用陶瓷厂淘几个与元青花完全不相干的坯来做试验。"元青花的复制随后得到了单位的支持，与东风瓷厂合作建立了完整的试验基地，饶克勤便是其中画坯的得力干将。"大家的兴头都很高，每天中午不回家，只在附近小店里扒拉几口饭，就马上回厂画坯。"

每逢下雨天，饶克勤就骑着自行车，和同事去附近的湖田古窑址捡元青花瓷片。"当年那里是一大片菜地，附近农民都爱用古窑里的匣钵摆起来当田地分界线。被雨冲刷后的表层泥土翻起，埋在地下的老瓷片更容易露出来，或是附近农民盖房子挖地基时无意中挖出来。"每当捡到又大又厚的元青花瓷片，饶克勤就很兴奋。

饶氏作坊

饶志阳进入元青花这一行完全是遵循父亲的意志。20世纪90年代初，17岁的他，拜陶瓷馆一位利坯师傅为师。"当时人们对元青花成型工艺的理解还停留在琢器行，用拉坯利坯的方式来加工器物。"处在叛逆期的饶志阳觉得窝在作坊里太屈才，但在父亲的强压下又不敢反抗。"每天早上第一件事是烧开水，把修坯的这钵水准备好，边看师父工作边走神。"真正找到拉坯的感觉，是在上手实践之后。"再看师父做东西，我甚至能提前猜到师父下一步要用哪一种造型的刀。"突然开窍的饶志阳仅用一年半时间就完成了三年学徒期的学习内容。

但父亲带来的压力一直笼罩着饶志阳。"当时陶瓷馆有一批明代大碗的日本订单，父亲跟领导说能不能让我试试。"从他做坯的第一天起，父亲每天下午都要来"视察"。按照景德镇的规矩，饶志阳把做好的碗坯依次摆放在长条料板上，在他看来这些碗坯都做得挺好。但在父亲眼里，每个碗的造型、高度、直径和弧度都不一致。"父亲直接抓起料板，轻轻一抖，就把这批碗全部打烂，然后一言不发掉头就走。"以至于每次瞧到父亲过来，饶志阳的手就开始发抖。

"直到一天晚上，父亲跟我讲，要做好一件事，一定要善用你

的工具。"饶志阳便开始用最笨的方法：把硬纸壳剪出一个标准弧度，每做完一个泥坯，就用硬纸壳去比对；随身准备一把秤，去称量每一个泥坯的重量。"从那以后，父亲再也没砸过我做的碗坯，这批明代大碗也合格交货了。"此后，不愿窝在景德镇做匠人的饶志阳，决定远去上海闯闯世界。

而此时，景德镇的风向也开始慢慢转了。1992年，景德镇雕塑市场花了2万美元，从澳大利亚引进了一口现代气窑。饶克勤对当年众人参观气窑的场面印象极为深刻："大家纷纷惊叹窑还能这样烧！不需要匣钵，满档满插，这边送进去，那头就能掏出来，接连不断地烧。"在此之前景德镇甚至没人知道液化气还可以烧窑。"这口窑的引进对景德镇的冲击是致命的。"饶克勤感叹，"从此以后，仿造的现代气窑迅速普及，烧瓷器变得容易，甚至家家户户都可以烧。"

私人作坊如星星之火以燎原之势兴起的同时，景德镇的各大国营瓷厂也似乎在一夜之间摧枯拉朽般地倒闭了。整个 20 世纪 90 年代，景德镇搞第二职业成风，停薪留职的饶克勤开始到私人作坊里打工，而此时的元青花复制品也越来越受到市场的追捧。2000 年，55 岁的饶克勤决定，与其帮人打工经常被克扣工资，不如自己开作坊单干。

元青花的复制是一个系统工程。明代科学家宋应星在《天工开物》记述制瓷工艺之繁多："共计一坯工力，过手七十二，方克成器。其中微细节目，尚不能尽也。"自古以来，景德镇的老师傅一辈子仅专攻一道工序。而独立开作坊以后，这些重担全部压在饶克勤一个人身上。体察到父亲的辛苦，2004 年饶志阳从外地回家帮忙。"从严格意义上来说，父亲是在完成一个体系，一个几百年来由上万人完成的体系。"

如今，迈入不惑之年的饶志阳，已经成为饶家作坊的当家人。随着孙子孙女的降生，饶克勤的脾性也慢慢变得温和起来，但在饶志阳心目中，父亲的威严仍在。饶志阳向我们笑言，自己根本不敢在老爷子面前造次。

识痕寻踪

"元代不过百来年，加之没有明确的文字记载，我们能看到的只有极少量的元青花整器和残片。"在饶志阳看来，复制元青花实际上是一门痕迹学——从残片上的种种痕迹，倒推器物是如何一步步制造加工出来的。

最明显的痕迹是元青花的绘画纹饰。在画坯行当里，有句老话——"出样子的是徒弟，跟样子的才是师傅。"跟着父亲饶克勤学了将近20年画坯技艺，女儿饶明媛如今已在饶家作坊里独当一面。"与明清青花的图案装饰比起来，元代的图样虽然看上去工艺比较粗犷，但画意最明显，主次、搭配、层次都精心布局设计，特别有韵味。"人物故事纹是元青花中最为人称道的装饰题材，多取材于民间喜闻乐见的历史人物故事。而要把青花绘制出元代特有的气韵和风格，并非易事。在饶克勤看来，"如果没有胸怀，画出来的东西绝对不够高级"。

80年代初，元青花最早的复制仅仅停留在绘画纹饰和器型的模仿，至于成型工艺，人们则想当然地采用了现代琢器的手工拉坯技艺。"但烧出来的器物怎么看都没有元青花那种厚重拙朴的质感，即使图案模仿得再接近，器物本身传递出来的信息和感觉总是不对。"饶志阳告诉我们，"用拉坯工艺复制出来的瓷器其实比真正的元青花还漂亮精致，但问题恰恰是太精致太漂亮了。元青花瓷片摸上去的手感有凹凸不平、一棱一棱的感觉，仔细观察，还能在整器上找到明显的圈状接痕。而拉坯形成的器物，内外都很光滑，不可能有拼接的痕迹。"

直到90年代，通过反复琢磨元青花的残片痕迹，饶克勤才逐渐意识到必须改变拉坯的成型工艺。他开始探索性地尝试印坯拼接，果真烧出来的效果更接近元代老器物，慢慢地感觉到这种工艺对路了。

印坯即为模印，有模在先，成型在后。专攻成型工艺的饶志阳开始在父亲的指导下，制作石膏模具。"每一次做新的造型，父亲仍然会因为一两毫米的差异敲掉我辛苦制出来的模具。"但恰恰是在父亲

饶克勤女儿饶明媛屏气凝神描绘象耳瓶上的云龙纹

的严格要求下，饶志阳反复修磨出来的模具既轻巧，又结实，还好用。做模具时，还要把器物的干燥收缩和烧成收缩空间预留进来。"传统说法是纵向八六缩，横向九缩。如果把收缩比例做成一样，模具和泥坯看起来很漂亮，但烧出来的瓷器比例却不对。"

　　开始印坯时，饶志阳把称好重量的泥料扔到石膏模具上，然后用双手不断按揉，使泥料充分地延展拉伸。在这个过程中，我们甚至还能清楚地看到，泥团在手工拍打的作用下，靠近表面的气泡被挤爆。在慢轮的转动和手的拍打按揉中，器物的形状慢慢呈现，越来越接近，越来越精致。直到器物在模具内完全展开，饶志阳才用竹刀来修坯，"之所以不用铁刀，是因为竹子天然的纹理是铁刀做不到的"。

待印坯完成，便要及时将泥坯从模具上翻出来。"此时的干湿度要掌握精准，湿了翻出来泥坯会塌掉，而对于盘内阳模印坯来说，干了就根本翻不出来。"饶志阳解释说，"因为石膏模具不会收缩，而泥坯一直在收缩，如果时机不对，泥坯很可能就直接裂掉了。"所谓时机则完全靠经验判断，夏天温度高时要快，冬天温度低时不吸水，就要借助吹风机来帮助升温。翻出来的泥坯，按顺序将不同部位拼接起来，并不刻意抹掉拼接处泥浆的痕迹，只为保留元青花本有的拙意。

元青花的成型工艺破解后，另一个问题却仍然困扰着饶家人——同等体积下仿制器物总比原件器物更重。在不断地识痕寻踪中，他们慢慢将眼光转向泥釉料的加工方式，一步一步更加接近元青花的本质。

古时的泥料加工是通过水碓舂机来粉碎瓷石，并靠水波瓷来淘洗泥料。水碓舂机由水轮、碓杆和碓臼构成，在水轮扳动下，将瓷石粉碎。"靠冲击粉碎得来的陶泥，显微结构是不规则的多边形，而靠现代机器研磨得来的陶泥，显微结构是球形。"饶志阳解释，同等体积下球状结构致密度更高，自然也就更重。"接下来，靠阶梯状的水波瓷淘洗泥料，由于不同比重的材料不会出现在同一水层，较重的杂质下沉，较轻的泥料上浮，经过四五级淘洗后，泥料非常纯净，几无杂质。"

除了采用传统方式加工泥料，饶家人还尝试探寻古人的施釉方式。所谓施釉，便是在成型的坯体表面施以釉浆，使其均匀地附着于坯体表面，有蘸釉、荡釉、浇釉、刷釉、洒釉、轮釉等多种方法。"在元青花的大量残片上，釉往往施得并不特别均匀，在直立的器物上更有明显的自上而下流动的丝丝痕迹。"饶克勤由此判断,元青花以直立浇釉手法为主。"釉从器物顶部浇灌而下,用刀片轻轻切开不同部位的釉层细细查看,当器物中段的釉层厚度合适时,顶部的釉层往往薄了,因为顶部的冲击力最强。补釉时不再浇釉,而是采用喷釉局部补充,尽量使整个器物釉层厚薄均匀。"

青花呈色

除了成型工艺和泥釉料加工,青花发色的最终呈现效果是决定元青花复制成败的关键。"白釉青花一火成,花从釉里透分明。"按照传统说法,呈色灰蓝者为国产青花料,呈色蓝艳者为进口青花料。但在长达30多年的试验中,饶克勤发现影响青花发色的并不仅止于此。青花料的配方、釉层的厚薄、火候的高低,甚至窑位的差别,都会造成呈色效果的千差万别。

如何选取青花料是一门极深的学问。青花料本身并不是蓝色,而是咖啡色、褐色或黑色,通过釉下覆盖高温烧制后,青花料才得以呈现出迷人的蓝色。"不只是进口的苏麻离青,甘肃、云南等地都有很好的钴料矿。"饶明媛说,自家通常的做法是将几种不同的青花料按一定的比例相互调配,至于比例则是不便外露的秘密。"不同青花料的发色差别很大,氧化钴含量高的发色强烈,而含量低的发色灰蓝。"

画坯时的笔法也会影响青花发色的深浅。"毛笔蘸取青花料的多少,运笔时笔速的快慢、停顿,笔画的交叠,都会自然形成青花的深浅。"因此在画坯前,饶明媛会仔细观察起笔的位置、运笔的方向和下笔的轻重，达到"心手合一"。

青花料并不是唯一的变量，釉料的配方与厚薄都将影响青花的发色。唐英《陶冶图说》中曾记载："釉无灰不成。"景德镇瓷釉历来是用釉果掺以釉灰配制而成，釉果是一种风化较浅的瓷石，主要成分是二氧化硅和三氧化二铝。而釉灰，则是将狼萁柴（一种蕨类植物）与石灰石混合，经过挤压等步骤，再经过"煅烧"制成。配釉过程中，釉灰含量偏少时，釉料呈色效果较白，釉灰含量偏多时，釉料呈色效果较青。

需要注意的是，釉料的配方和厚薄还要与青花料和坯料相匹配。如果釉料施得太薄，青花的发色就会发乌甚至发黑；若釉料施得过厚，又会让钴料晕散流淌，出现"朦花"现象。除了画坯，也负责施釉的饶明媛告诉我们："最合适的施釉厚度在 1 毫米左右，大概是一颗西瓜子仁的厚度。"

无论青花料和釉料的配比与施就有多完美，不到烧制完成的最后一刻，永远无法预知青花发色的真正效果。因为烧制温度的高低，甚至窑位的不同，都是不可忽略的呈色因素。很长一段时期里，饶克勤追求古法柴窑的烧制效果，为此还曾于 2003 年独自一人去往百里外的祁门柴窑，体验元青花柴窑烧制方法。"就像用砂锅煲粥和电饭锅压粥的味道区别，较之现代气窑，古法柴窑烧出来的瓷器更加温润，有老物件的韵味。"

柴窑以松柴为燃料，对于火候的控制，有极高的要求。当地人用"三年出一个状元，十年出一个窑火师"来形容对窑火的把握之难。

烧窑的快慢、温度的变化、匣钵的码位、火道的通路，全靠有经验的把桩师傅来布局把控。烧制过程中，空气从下方的灰坑进入窑内，再以由下向上、由前至后、从两侧向中间的方式流动，因此，同一个窑内不同位置的匣钵燃烧状况与温度高低极不平衡。一般来讲，第二、三、四、五排的匣钵是最好的窑位，而这四排匣钵中，又以中间的位置最好，上下位置其次。

与父亲不同，饶志阳现在已经不再执着于古法柴窑。"用气窑模仿柴窑的升温曲线和气氛，也能烧出有柴窑质感的元青花。虽然我的眼睛仍然能分辨出差别，但为了弥合这一点点差异，我可能需要付出极大的代价。"柴窑烧窑的成品率极低，甚至经常整窑全军覆没，这使得烧柴窑变成一件风险极高的事情。"正因为成因复杂，变幻莫测，面对元青花，我们始终心怀敬畏之心。"

贡斌：复原真纸体系

纸的功能，是真实记录与还原当下的书写状态——你的情绪、速度与情感。

在朝阳区百子湾的一间造纸作坊里，穿着一身麻布衣衫的贡斌，举着一罐叫作苏门答腊黄金曼特宁的咖啡粉，执意让我闻一闻："浓郁的味道让你想到热带雨林，名字起得也好，一个朋友喝后说让他产生一种金碧辉煌的幻象。"这让我想起一年前的一次拜访，当时，他也拿着一罐咖啡让我感受。贡斌对植物的迷恋与深知，令人印象深刻。自然，这与他从事多年的古纸复原不无关系。

生长在这个古老的国度，多数人大概如我一样，只从历史课上接受过如下常识：作为"四大发明"之一的造纸术，是在东汉元兴元年（105），由一个叫蔡伦的宦官改进。少数人可能还感受过造纸工厂的喧嚣，又或者体验过某个村落流传至今的古法造纸，但事实上，人们早就对这种充斥我们生活的东西，习焉不察。然而，贡斌认为充斥市面的所谓的纸，与能够真正代表中华文明高度的纸，纯然属于两个系统，前者带来的环保与污染问题，影射出现代文明的痼疾——用不断进化的新技术，来解决错误方法所造成的问题，并因此产生新的问题。用贡斌的话来说，"'paper'不是'纸'，前者属于木浆体系，仅能完成传播的功能；后者属于韧皮纤维系统，能真正实现'纸寿千年'意义上的传承功能"。而从事实层面做出的合理推断是，那套材料与工具造就的传统工艺，从元代起就已失传，"现在市场上能看到的文物修复所用的造纸工艺，都是明清系统的工艺"。贡斌要做的，是接续与还原元朝以前的传统造纸工艺，找到他理想中的"真纸"——这种真，成了他面对世界的基本前提，也一度引起我探究的热情。

早在 2012 年，贡斌的德承贡纸坊刚刚成立一年多，他的古纸制作还在试验阶段时，我就在机缘巧合下认识了他。朋友带着我到了那间有着老式窗户、摆满各种纸张的造纸作坊，在他的带领下，我们参观了从切料、捣浆、抄纸、压榨到晾晒各个环节的设施。在大厅旁边的小间里，贡斌还让自己的搭档——专门负责试纸的画家伊西成，拿墨点在刚刚生产出的纸上，让我们观察吃墨的程度与晕染的层次。"纸的功能，是一种真实的还原，为什么说'见字如面'？一张好纸，我能从笔锋的运转中，感觉到你的情绪，你的速度，你的情感。"

如果说几年前还是一种醉心于试验的状态，而今贡斌已经将做纸视为一种宿命，之前的所有经历都是为此而做的准备。在 2009 年开始研究造纸之前，贡斌跳了十几年的霹雳舞和现代舞，又跑到贵州大山深处做了三年的儿童公益项目。如今看来，"以前做舞蹈，对节奏的把握，在做纸中特别重要。同样，我那会儿去山里和孩子们玩，所有的东西都了寻找那个真，发现人与自然那种相互给予、相互成就的关系"，贡斌说。

霹雳舞与"彩虹计划"

尽管在聊天的过程中，贡斌会随时用手打一段节拍，甚至哼一段旋律，很难想象，从20世纪80年代起的十几年里，他是一位跳过民族舞、霹雳舞、劲舞、现代舞，做过唱片、剧场的舞者。

与现在的许多北京孩子一样，贡斌在小学三年级时就被母亲送到区少年宫下面的艺术馆，学习唱歌和跳舞，不同的是，那时的老师不收费，只视天分施教。大约有两年时间，贡斌每天放学后，都要先去老师家练习舞蹈基本功，之后再回到家中。

改变命运的一件事情发生在1986年，彼时，中美民间交流增多，包括贡斌在内的几十个孩子，被选中赴美参加为期一个月的舞蹈表演活动。机缘非常巧合，一个下雨天，贡斌本想跟其他孩子一样不去练舞，却被母亲硬拉过去，结果恰好赶上区少年宫来挑人。几天之后，12岁的贡斌，拿着报名表，穿着母亲织的一件白毛衣，和一群孩子跟着北京市少年宫的老师现学现练了一段舞蹈，由于对动作的模仿和捕捉能力很强，那天只有他被当场选中。此后，他们在美国老师的带领下又排练半年，才赴美表演。

美国之行不可想象。带队的老师是谭盾的室友，从纽约、华盛顿到洛杉矶，所到之处都有礼物，挑不过来的冰棍，地上可以亮的灯，市长家的游泳池……无数新奇的体验震撼着贡斌，也让他感受着世界无限的可能性。然而这趟旅行也让贡斌错过了两年一次的舞院招考，加上之后的受伤，他只得就读普通中学。因为调皮，所在的慢班被剥夺了高考资格，他只能上职高。毕业后，他卖了三个月的衣服，后来又为上警校去夜校补习，一度远离了跳舞的梦想。

1992年，夜校同学带他去北京有名的夜总会——月坛健康城跳舞，贡斌一下被巨大的电视墙和劲爆的音乐震撼。"所有的血在往上升，那种感觉太自由了。"很快，他被那里的老板看中，从此踏足20世纪90年代异常生猛活跃的体制外舞蹈圈子。

在那个改革开放初启的年代，夜总会与迪斯科，几乎成为某种消费、娱乐与先锋文化杂乱并处的生态圈。贡斌一边和沙宝亮、杨坤等后来鹊起的歌星赶场子，一边和"魔岩三杰"等摇滚圈的人喝酒。

逐渐地，他开始感觉很多东西越来越表面，越来越不真实，更重要的是，舞蹈最初带来的快乐与自由也在减少。他渴望寻找一些更本质的东西，寻找事物最初的状态。2006年，贡斌决定以个人身份，前往贵州织金县官寨苗族乡下面的10所小学，开展他的公益计划。贡斌陪着路最远的孩子一起回家，让每个孩子命名一块在上学路上发现的石头，让他们每人画一幅彩虹，并在旁边写下自己的梦想。2006年12月，在摄影师江俊民和策展人舒阳的帮助下，孩子们的画作在北京798艺术区举行的"织金彩虹计划"主题展上展出。观众可以认领那些容易实现的梦想，同时也可留下自己的彩虹梦想。用策展筹集的钱，贡斌为那里的孩子们买了安全帽，修建校舍和道路。

贡斌公益计划的一项，是教会孩子们当地的民间技艺，其中就有蜡染、刺绣、雕版印刷以及手工造纸。也正是在这个过程中，他开始接触并学习贵州当地一些民间的造纸工艺。没有想到的是，造纸成为他日后生活的重心所在。

溯源：带着问题寻找答案

2009 年，贡斌一边帮朋友做些广告及演出策划，一边开始研究古法做纸。两年之后，他成立德承贡纸坊，不久，正式放弃舞蹈，开始全力做纸。

某种程度上，自蔡伦以来，传统造纸术的基本特点并未有太多改变，也就是《中国古代造纸工程技术史》一书中所概括的："植物纤维原料，经过切断（剉）、沤煮、漂洗、舂捣、帘抄、干燥等步骤，制成的纤维薄片，称之为纸。"

经过最初的阅读资料与实地考察，贡斌对手工做纸的基本环节已然了解。但是他发现，"现在修复的古书画用纸，集中在竹纸和今宣纸系统，远至宋代"。像《五牛图》这样的书画，则采用唐代的古宣纸。目前必须恢复那个年代的材料体系，才能真正解决种种修复问题。

材料与工具互相配合，最终形成做纸工艺。要了解古纸材料，除查阅零星记载的文献材料，还要熟悉那些古纸的质感，并对其进行科学分析。在学习过程中，一些前辈朋友慷慨拿出收藏实物，供贡斌研究。尤其是陆宗润老师，每每拿出唐宋明清的书画真迹，教他仔细观摩。贡斌觉察到自己的进步，源于"拿真东西上手，感知纸张上字与纤维的变化。那种感觉就是你做纸过程中需要寻找的，就像练武，到一定程度，一搭手就知道是怎么回事"。

科学分析古纸的纤维成分，为复原提供更直接的参照。贡斌正是在这个过程中，认识了他后来不断念叨的"奶奶"王菊华。86 岁的王菊华长期供职于中国制浆造纸研究院，是国内造纸领域的权威专家。

贡斌的德承贡纸坊古纸制作工序：1.切料（左） 2.切好的树皮原料（中） 3.捶料（右）

有一次，贡斌带着试验样品，去研究院检测材料状态，发现与古纸图谱不一致。为了搞清原因，研究院专家向他推荐了王菊华。看到贡斌试做的古纸，王菊华非常高兴，不但帮他分析问题，还向他推荐领域内更多的专家。

王菊华几乎参与鉴定了国内所有重大发现的古纸成分，《五牛图》正是由她分析确定，画心纸原料为桑皮，命纸则为 100% 的檀皮。而在一系列颇具争议的"西汉纸"的考古鉴定中，王菊华将其认定为纸的几种主要雏形——薄小纸、麻纤维片与树皮布，从而捍卫了蔡伦作为蔡侯纸发明者的历史地位。据她介绍，东汉时期的造纸原料主要有楮树皮（构树皮），材料为麻的破渔网和破布，"用树皮做的叫皮纸，用破渔网做的叫网纸，用破布做的叫麻纸"。唐以后，麻的种类进一步扩大，树皮种类也扩展到桑皮。竹纸与草纸则盛行于宋代和明清。贡斌恢复的元以前的古纸体系，主要为楮树皮、桑皮、麻与竹子的纯料体系。

贡斌的德承贡纸坊古纸制作工序：4.划漕（左） 5.（端帘）抄纸（右）

"材料是永远的老师。"在摸索过程中，贡斌发现许多民间的造纸工艺，多半未加思索地沿袭旧法，而这种旧法并未真正接续当时的工艺，更多时候出于惰性与便捷，而被篡改。一个简单的例子，造纸的树皮，最合适的收取季节应在冬季，桑皮则在清明之前。原因在于，冬天水里细菌少，水质洁净；此外，用以使纸浆均匀悬浮的植物纸药，性状更为稳定，不易挥发。多数民间手工造纸者对此无知的原因在于偷懒，立春过后，树皮易剥，无需蒸的环节。然而，"就差这一个工，质量却差远了"。

蒸煮提纯植物纤维的过程，更能看出现代与传统工艺的差别。为提高效率，20世纪50年代起，人们将树枝连皮带壳，放入火碱中一次蒸煮提纯，以去除树皮中含有的木质素、果胶及其他非纤维成分。贡斌则采用碱性更弱的传统草木灰、石灰与日光漂白结合的"分级蒸煮、逐级提纯"的方法。后者虽然费时费力，但对比之下，"现在看不出来，但是过了几十年几百年，前者就会出现问题"。对此，王菊华给予科

贡斌的德承贡纸坊古纸制作工序: 6.上榨(左)　　7.压榨(右)

学解释: "强碱之下, 纤维素易于溶解, 但聚合度降低, 纸张抗虫害、抗老化能力, 乃至纸张强度都会降低。"

纸药也被视为蔡伦的一大发明。这种多采用黄蜀葵、杨桃藤、仙人掌等制成的神妙之物, 不但有效提升了纸浆悬浮的均匀度, 便于抄纸, 而且由于其作用时间有限, 有助于人们将经过压榨脱水后的一沓湿纸, 毫不费力地揭开晾晒。然而, 伴随造纸术产生的纸药的传播, 却开了个历史的玩笑。造纸术西传之时, 纸药并未传去, 以至于时至今日, 西人仍不会使用。王菊华讲起一段往事: 某年, 一个德国专家到院里访问, 提出疑惑: "你们的纸抄好后粘在一起, 压榨成一块饼之后还能揭开, 简直不可思议。"一直以来, 他们都是抄一层纸, 垫一层布。然而, 纸药东传日本, 却得到更多研究发展, 日本人分析成分后, 进而制出替代的化工产品, 销往世界。

即使使用纸药, 不同长短的植物纤维, 要达到相似的悬浮效果, 用料的量相差很大。经过试验, 贡斌发现: "三亚皮、青檀皮, 一两

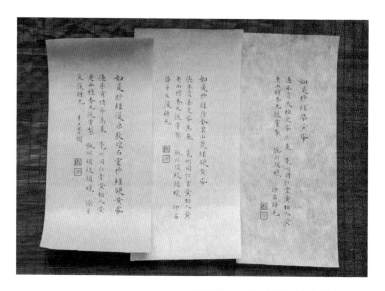

写有原料、制法与产量的原纸纸样（其一）

捆就行；构皮需要四捆，桑皮则要八捆。在这个材料体系里，所有成本都在成倍增加。"

所有新的发现，在贡斌看来，是因为与一些"带着结论寻找答案"的学者相比，他更多是带着问题寻找答案。一些时候，更为奇妙的感觉，则似乎与他习自舞蹈的节奏感有关。

而让贡斌有更多宿命之感的，是一些颇为神奇的巧合。2014年底，贡斌在一个养蚕基地收了15吨一年生的桑枝。经过第一次的蒸煮剥皮，剩下的料不足800斤。再经过草木灰与石灰的分级蒸煮后，原料进一步减少到300斤。一直忙活到2015年下半年，正当他们想用这批料来做唐纸时，国家图书馆拍下的一卷唐代雕版印刷的佛经，找上门来修复，这批原料仿佛恰为这件文物而备。

还有一次，贡斌在拜读陈大川先生的《纸：由洛阳到罗马》时，发现里面提到一本书，由一位在清朝做官的德国人所写。他马上给德国朋友发信询问，结果不到两小时，对方回复：那本书在他朋友爷爷的旧书店里找到了。"只有一本，放在旧书店的角落里，从没有人动，就像在那等待我一样。"贡斌说。

有时晚上睡不着，贡斌甚至产生一种奇怪的感觉："我不是为了明天的日出而活，如果把这些纸做出来，随时可以放手。"

让贡斌产生更大使命感的人，是作家钟阿城。2013年，阿城通过朋友找到贡斌，那时他正在写作《洛书河图》一书，觉得国内当时的手工纸均无法代表中华文明的高度，想看看贡斌能否做出真正的古纸。两人谈得投机，阿城当晚就把贡斌带到家里，让他拿些古画真迹用以研究。时间临近年关，纸坊的工人都已回家，贡斌一个人在那研究试验，结果没到两个月便做完了，成功复原出宋以前的古纸。阿城看后特别满意。

由纸开始，塑造真的体系

"德承贡甲午夏制楮皮纸，取徽州楮枝五吨，法宋元制浆分级蒸煮，端帘手工抄制，成纸二百九十三枚。"这是贡斌让人用小楷，在一次造纸样品上的记录。这样的记录大约有十几张，从而看出德承贡纸原纸的类型及产量。

目前纸坊各类型原纸从几刀到最多二百刀，产量不过几千张而已。产量既小，加上为求完美的投入，成本上升在所难免。我曾经问他，这样造出的纸固然很好，但限于产量与价格，普通人能用到吗？

贡斌回答：首先看他对此有无正确的认知。关键在于人和心。这个时代，大家还知道什么是真的东西、好的东西吗？有一次，贡斌和一个老师喝多了，特别感慨：在欧洲中世纪，所谓那么黑暗的时代，人们还知道什么是好东西，现在这么好的时代，大家知道吗？

问题依然绕不开传承与学习，要回到人本身。"学什么？什么人教？你要成为什么样的人？"如果要学，则首先要用真的东西，贡斌以学习厨艺为例："如果为了便宜省料，用地沟油来练，你也练了，菜也熟了，但那是人能吃的吗？"

似乎也是为了践行做公益之时对教育的思索，2014 年贡斌在张御群等人的提议下，在纸坊成立"好学会"，下设识字班、习字班与如是抄经班，让学员们以特制纯料的纸，学习识字，以及书法、抄经中所蕴藏的传统文化与法度。如是抄经项目，目前由李敬居士负责推广，还曾被"世界佛教论坛"邀请做现场表演。

在印刷术盛行之前，文明的传播主要赖于抄写。国人抄经的历史最早可以上溯至 1600 多年前，而在佛教盛行的唐代，专门抄经的经生已成为一个颇具规模的群体。古人抄经并非单一把字写好即可，是包含笔墨纸砚、技法以及仪轨在内的综合汇集。为此，贡斌找到制笔大师李小平，用其复原的"隋唐缠纸笔"，作为抄经用笔，同时又寻墨找砚。更重要的是，他希望通过对材料体系的还原与使用，构建一种真的价值与文化体系。

某种意义上，做纸也在改变着贡斌的气质。"一张纸，从过去到现在，

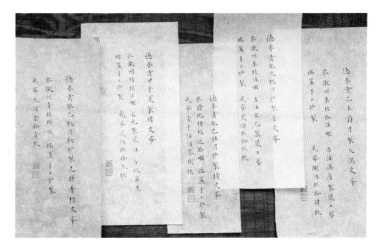

写有原料、制法与产量的原纸纸样（其二）

巨细无遗，什么东西没有记过？同样，人的内心也应该慢慢达至平常，没有分别心。纸让我在面对不同人时，逐渐变得平和。"

贡斌告诉我，他自小是个较劲的人，总皱眉头，喜欢盯着太阳看，直到眼中影像从一个太阳变成两个。做纸的过程，自是修炼，但性格使然，仍能感受到他容易激动的一面。和王菊华等老师吃饭的时候，谈起有关部门的机械与琐屑，他依然不愿妥协。

"以执着破执着。"接下来，贡斌正在筹备手工造纸技艺传承研究中心，在此之下，造纸研发基地、研究论坛等诸多庞大的计划，都已进入视野。

柯璀玲：一个裕固族手艺人的身份书写

"好多人并不懂我们裕固族服装的做法，他们只想挣钱，甚至不知道白色头面奔丧才穿，红色头面迎亲才穿。"

从收藏开始

13 岁起，在祁连山北麓草场放牧的裕固族牧羊女柯璀玲，开始有意识地收藏本民族过去的老物件。起因源于母亲挂在嘴边的一句唠叨："这些东西现在不用，以后你们恐怕都不知道是啥东西了。"从一件传统服饰，到一具马鞍，甚至一副眼镜开始，46 年过去了，去年，柯璀玲在自己创建的裕固族特色村寨里，单独拿出一间房子作为博物馆，展出自己所藏的上千件文物。

与所有酷爱收藏的人一样，柯璀玲能清晰地说出每件藏品的来历与背后或幸运或惊喜的收藏故事。而且，她善于分析总结，记录了厚厚几本收藏笔记。作为马背上的游牧民族，柯璀玲收藏了很多马鞍，其中一具颇为特别，上面有精细的漆器纹样，在她看来，这是裕固族与汉族文化融合的体现。与汉族农耕文化的炕箱相比，游牧民族的炕箱更为轻巧，多为一对，便于驮在牛背上搬家。从可以折叠的炕桌，到既是锅盖又可供奉食品的盏托，裕固族器具处处体现出便携、多用途的特点。

一副老旧的眼镜是别人赠送的；一个清代的铜脸盆被她收来时，正被主人拿来喂狗；一把早期藏刀是邻居干农活时挖出来的。25 岁时，柯璀玲看中一对木刻的绿度母和白度母佛像，倾其所有，花 5000 元将其买下。结果那年春节没有钱花，只得在工会救济下过节。

收藏的过程，也是熟悉本民族文化的过程。裕固族共分为大头目、八个马、杨哥、呼郎格、五个马、亚拉格等几大部落。在博物馆收藏的各部落的服饰和头面中，柯璀玲能分辨出每个部落的细微差别，如今，能做到这一点的裕固族人并不多。

另一方面，收藏需要不断地投入。1992 年，一个偶然的机缘，柯璀玲和几个姐妹到深圳"锦绣中华"民俗村参加了首届小商品博览会。在展厅外的地摊上，她穿着民族服饰，一边编，一边卖毛线马扯手，40 天赚了 5200 元。那是她第一次意识到，本民族的手工艺可以赚钱，可以更好地支撑自己的收藏，以及手工艺的继承与推广。

手艺与传承

用柯璀玲的话来说，自己从小就很灵，好动好学，加上母亲和姐姐擅做服装、刺绣、毯子，耳濡目染之下，她很早就学会了这些传统的手艺。

17 岁时，初中毕业的柯璀玲在张掖师范学院进修一年后，回到牧区当了小学老师。每到牧民转场，她就给留下的孩子做些缝缝补补的活计。当了 8 年老师，25 岁的柯璀玲被调到肃南县文化馆工作。由于喜欢画画，此前她经历了八年高考，一直到儿子 3 岁时，才如愿考取

西北民族大学油画系。老师曾经调侃："如果裕固族将来出个女画家，肯定是你。"但迫于经济压力，柯璀玲放弃画画，将更多精力投入民族手工艺上。

20多岁时，一次在乡下看到很多皮雕作品，柯璀玲欣喜不已。再一打听，母亲的舅舅就是裕固族最后一个皮雕艺人。只是，这位舅爷早已去世多年，而没有小孩的舅奶并不喜欢与人交流。为了从舅奶那里打听到更多皮雕制作的细节，柯璀玲一路教母亲怎么问话，拉着母亲和舅奶聊天，自己则在一旁边做饭，边记录皮雕制作工艺。此后，柯璀玲不断搜集资料，只要见到传统皮雕就买下来，慢慢恢复了裕固族皮雕技艺。如今，柯璀玲不但是裕固族传统服饰唯一的国家级传承人，还是裕固族皮雕的省级传承人。

让柯璀玲欣慰的是，女儿像她一样从小心灵手巧，大学艺术设计专业毕业 4 年的她，服饰、刺绣、画画，无不擅长。自然，她也是裕固族皮雕的理想传承人。在柯璀玲看来，皮雕技艺的核心在于皮子的特殊处理方式，在专利申请下来前，她不愿意多谈具体的工艺流程。某种程度上，她更看重工艺的地道，不愿将其作为产业发展。

另一方面，她觉得手艺可以挣钱、养活文化，是件好事。1992 年从深圳回来后，她不断跑各地博览会，一手带着藏品展览，一手编织工艺品售卖。1999 年，办了 3 年通行手续后，她终于去了一趟台湾。两个月内，她赚了 5 万元，回家后不但还清了之前搞收藏的所有欠债，还给身边每个人带回一件小礼物，让大家对她刮目相看。在肃南县，柯璀玲算得上风云人物，胆大泼辣的她，是当地第一个下海的人。

2005 年，从就职的县民族博物馆退休之后，柯璀玲有了更多时间带徒授艺，除了给职业中学上手工艺与民俗文化的课程，她自己办的传统服饰培训班已毕业 300 多名学生。去年，以尧熬尔原生态文化传承有限责任公司为实体的裕固族特色村寨开业。午饭之后，柯璀玲带我们挨个看村寨中的牦牛帐篷，她希望在未来 3 年内，将裕固族 10 个部落的语言、饮食与文化在村寨复原，供大家体验交流。

我们从哪里来

无论是收藏，还是手艺，柯璀玲所做的事情，无不隐隐指向自己的民族身份：我们是谁？我们从哪儿来？

记忆中，20 世纪 70 年代，裕固族的汉化已非常普遍，与汉族同学一起读书，讲普通话。尽管母亲在家里听到她说普通话，会骂她"不像人样子"，可在学校，一旦有人将她的帽子脱掉，露出按裕固族传统所扎的七根辫子，她还是忍不住又羞又恼。裕固族的汉化，与"破四旧"运动不无关系。当时，藏传佛教的寺院被毁，头发必须剪短，这样一来，头面自然也无法佩戴。渐渐地，除了家中的老人，年轻人很少穿传统服饰，甚至慢慢不会讲裕固族语言。

据史料记载，裕固族人的前身为公元 6、7 世纪游牧于河西走廊甘州（今张掖）、凉州（今武威）一带的回纥人。11 世纪，回纥人建立的甘州回鹘汗国为西夏所灭，回纥人开始漫长的分批东迁历史，并在此过程中与藏人、蒙古族人不断融合。裕固族人一般自称尧乎尔、尧熬尔、撒里畏兀尔，裕固族的名字则确定于 1953 年，寓意"富裕巩固"之意。

14 世纪起，裕固族人在漫长的游牧生活中逐渐丢失了自己的文字——回鹘文，关于本民族的一切记载，只流传于口述记忆中。今天的裕固族分为东、西裕固族，分别属于阿尔泰语系的蒙古语族和阿尔泰语系的突厥语族。两种语言，分享一些原始词汇，一近蒙古语，一近维吾尔语。好多裕固族家庭由东西两部构成，彼此交流无碍。

小时候，柯璀玲在本民族的故事中泡大，她特别喜欢听爷爷讲动迁路上的故事：牛怎么带路，鹿怎么带路，狼怎么带路。裕固族流传的一首名叫《西至哈至》的歌曲，讲述了他们从遥远的西至哈至迁徙而来的故事。2012年，柯璀玲参加了CCTV9与张掖电视台合拍的纪录片《天边彩虹》的拍摄，一个月内走了1万多里路，踏上西去的寻根之旅。到新疆哈密、吐鲁番一带，那里的维吾尔族人把柯璀玲当亲人看待，说她是"几百年前的姑娘回娘家来了"，让她感动不已。

最近，柯璀玲开始学习回鹘文。她希望以后能够教会孩子们本民族语言，增强他们的民族自豪感。

张参忠：恢复庐州木雕

融合东阳木雕与徽州木雕的技艺特点，张参忠所恢复起的庐州木雕，正在商品与艺术品的平衡之中，寻求着自身的复兴。

富贵手艺

虽然来到合肥30多年了，张参忠的东阳口音依然很重。电话里，他一直把潜山路说成青山路。岂止是乡音，1980年，35岁的他，还从"木雕之乡"东阳带来一身技艺，并在此后的时间里，将其与徽州木雕及庐州传统木雕技艺融合，成功恢复起业已中断的庐州木雕。

从合肥市蜀山区，向北驱车20多公里，才能到达位于双凤经济开发区的参忠木雕厂。一楼展厅里，摆满了张参忠这些年潜心创作的木雕作品，其中既有费时3年多完成的镇厂之宝《红楼梦·元春省亲》，也有采取徽州木雕传统意趣而作的《和谐图》。门口高高堆起的箱中所装的，则是准备运往新西兰的旅游纪念品。而在二楼车间里，几部巨大的机器旁边，工人们正忙碌着抛光、油漆机械加工完的毛坯。这样一幅艺术与商业并重的场景，其实与千百年前便注重艺术与实用相结合的传统木雕，如出一辙。

用张参忠的话说，木雕是"富贵手艺"，即使在他的家乡浙江东阳，过去也只有有钱人家才请得起木雕师傅，为建筑、家具精雕细刻，

张参忠在细刻《清明上河图》局部场景

增添光彩。另一方面，木雕艺人在手艺行当中的收入也首屈一指，张参忠回忆，在 20 世纪 60 年代，他们去农村干活，一天的工资是 1.5 元，比较之下，木工拿 1.25 元，篾匠只有 1 元。

张参忠出身于手艺世家，祖辈都是做铁锅的艺人，父亲开办了一个有五六人的小厂，属于自己也参加劳动的"小老板"，由于手艺出众，还博得"小东阳"的外号。由于自幼家境不错，衣食无忧，张参忠学习并不用功，尽管当时想考大学，可在 1961 年初中毕业后连续考了几次，也没考上高中。但另一方面，他从小爱好广泛，喜欢写字画画，又在木雕的氛围中长大，因此并没选择子承父业，而在 1964 年正式拜东阳木雕厂的退休艺人沈昌荣学习木雕技艺。

东阳木雕与青田石雕、乐清黄杨木雕并称"浙江三雕"，千百年来享誉全国。早在唐代发掘的古墓中，就有雕刻精致的木俑出土。经

深浮雕与镂空雕结合的雕刻手法产生多层次效果

宋代进一步发展，东阳木雕至明清盛极一时，乾隆年间，400多位木雕艺人进京修缮宫殿，故宫的许多雕梁画栋乃至龙床龙椅，都留下了东阳艺人的刻记。

在张参忠小的时候，经常有艺人到家里干活。当时要学习木雕，还需要有门路。作为关门弟子，尽管师父与他情同父子，但木雕学习起来并不简单。行里流行一句话："三年学徒，四年半作。"也就是说七年下来，还只能算半个师傅。在学艺的前半年里，张参忠需要学习握刀、磨刀、推刀等基本功，边学边推，边推边磨。木雕雕刻的刀具种类繁多，粗分也有几十种，不同刀具的握法不同，磨起来更是不易。开始学时，师父连刀都不让他摸，担心将刚刚磨好的刀具弄钝。学会了握刀和磨刀，师父丢过来一把平刀和一块没用的木头，让他将木头推至完全平整，推刀可以训练手劲，懂得如何将劲用到手上，此外也可熟悉木头的纹理和刀法。

"基本功学好，手才会变稳，才会让你学下面的东西。"尽管上学时吊儿郎当，一旦做起自己喜欢的事情，张参忠却很投入。白天跟在师父后面干活，晚上自学画画，很少出门玩。睡觉时师父还会给他讲其中的道理，白天哪里干得不对，应该怎样做。

如此学了两年，农村开始了"四清"运动，沈昌荣被要求不得再带徒弟。为了不影响师父，张参忠主动要求回家，可停顿了一个多月依然想学，父亲便把师父请到家中教他。一年之后，师父去世，学艺三年的张参忠一般东西都会做了，便和师兄两人开始所谓的半作生涯。

几年之间，张参忠来往于东阳的三四十个木雕厂，已经可以独立承接一些活干。1970 年，张参忠在家乡创办东阳虎鹿木雕厂，并担任厂长。这个社办企业起初只有五六个人，最多时发展到 30 多人。当时厂里的活，一方面来自东阳木雕厂干不完而分配下来的，另一部分则来自县里"手工业联社"的分配，此外还有一些私人送来的散活。"手工业联社"是一个专为木雕厂服务的政府组织，从外面接到活后负责分配给大家。在那个计划经济的年代，小的木雕厂要定期去县里开会，根据自身规模大小，被分配以相应的活，完工后再交到县里统一验收。

张参忠在虎鹿木雕厂整整当了 10 年厂长。由于负责全厂的设计图纸和质量把关，他继续自学工笔画，临摹别人的画作，为此后的木雕设计打下了坚实的美术基础。他至今记得在师父去世时，还曾为他画过一幅素描像，绘画对他来说似乎更多是靠聪明。木雕技艺也在提升，但手艺是没底的，碰到自己没做过的东西，他仍要不断向前辈艺人请教。

此时的张参忠，已经从事木雕 16 年，他还没意识到，在合肥有件更重要的事情在等待着他。

从东阳到庐州

合肥旧称庐州，自古人文荟萃。与历史久远、声名在外的徽州木雕相比，庐州木雕以构图谨严、造型写实著称，同样自成一家。只是在"文革"之后，庐州木雕日渐凋零，再也没有恢复起来。改革开放后，受文化复兴与旅游开放的时风所及，市政府大举投资合肥工艺美术厂，将其建成一座堪称对外开放窗口的花园式工厂。150 多人的工艺美术厂里，设有竹雕、发绣、湘绣、机绣、火笔画、国画、戏服等诸多艺术工种，庐州木雕正是其中有待恢复的一个门类。

在偶然的机缘下，合肥工艺美术厂联系上了张参忠。带着《七仙女下凡》《寿星》《三打白骨精》三幅木雕作品，经过短暂的试用，张参忠担任木雕车间主任，同时他举家搬迁，正式在合肥安家。

虽然有深厚的木雕基础，要真正恢复庐州木雕，除了鉴赏吸收传统徽派木雕的特点，对张参忠来说，意味着还要学习更多的东西。在 20 世纪 80 年代浓厚的学习风气中，各地都开设了不少艺术学习班。浙江美院雕塑系的毕业生郭端本，当时在合肥群众艺术馆开设了一个雕塑学习班。1981—1982 年，张参忠在那里学习了雕塑，增强了自己的立体造型能力。在参忠木雕厂的展厅里，至今还存放着一个鉴真和尚的泥塑，是张参忠为完成一个日本客户的订单，为木雕成品所做的泥塑参考。

雕刻精美的局部展示

　　"我从事木雕这么多年，发现要做好木雕，一定要多看别人做得好的东西，学习和传承传统的东西，然后不断创新。"事实上，张参忠所恢复的庐州木雕，已然不是完全传统的东西，更像是东阳木雕与徽州木雕的一种融合与新变。

　　东阳木雕与徽州木雕各有所长，前者讲求精雕细刻，构图丰满、层次丰富，后者则比较古朴，造型以平面居多。说话间，张参忠翻拣出一件古色古香的徽州木雕作品，让我们感受其艺术特点。"你可以用手摸一下，徽州木雕的造型基本在一个平面上，东阳木雕则有高有低、层次比较多。"

　　融变之后的庐州木雕，不但精雕细刻，而且造型写实、层次感强。

泥塑鉴真像。曾作为圆雕木刻的造型参考

此外，张参忠学习国画的构图特点，使作品构图看起来疏密有致，远近大小各有对比，线条流畅，富有一种流动的美感。

在合肥工艺美术厂，张参忠带领着十来个艺人，主要做一些旅游产品，兜售给前来参观的外国人。在他取出的一沓照片中，有一幅创作于 20 世纪 80 年代的《八仙过海》，作品中人物衣袂飞舞，呼之欲出。另一幅《麻姑献寿》，也是他在那一时期的代表作。1989 年，张参忠带着《麻姑献寿》，随安徽艺术代表团到日本久留米参展交流，第一次把庐州木雕带出国门。

"劳动态度也好，当时都是拼命干。"除了白天在工厂干活，张参忠有时晚上也会在家干点私活，订单来自台湾的一个亲戚。他加班加点雕刻圆雕佛像，还在读小学的小儿子张海峰看到父亲干活，也跟着摆弄刀具。

1996 年，张参忠从工艺美术厂退休。同年，厂子也以 1900 万元的价格出售，不久，一栋银行大楼出现在原厂位置。当年手下的木雕艺人流云飞散，遗憾之余，张参忠开办了自己的参忠木雕厂，一面将过去的徒弟聚集起来，利用原有渠道生产销售，一面也腾出手来，将更多精力投入艺术品创作。

商品与艺术品

走进参忠木雕厂的展厅，最吸引人的正是那件《元春省亲》。这幅高 2.4 米、长 3 米、宽 1.2 米的巨幅作品上，活动着远近高低大小各不相同的 90 多个人物。作品左侧，贾母身边环绕着一群少女，佩戴齐整的宝玉正要迎上前去，旁边稍作留白的地方是开路的太监，居中的一组人物是以元春为中心的省亲队伍，手执乐器财物，不一而足。在上方稍远的亭台楼树中，不少小人探首观望。仔细观看点缀周围的苍松，枝丫上仿佛虫蛀风蚀的小洞清晰可现。为使作品富有流动的美感，张参忠将作品主体部分设计为竹简形状。由 700 多斤红木做成的底座上，则飘浮着浅浮雕雕刻制的朵朵祥云，烘托出梦境般的主题。

《元春省亲》的设计思路，1996 年便在张参忠的脑海中形成了，由于之前就做过《红楼梦》题材的作品，他一直希望能以更大的场景与构图加以体现。

木雕的第一道工序是构思与画样。《红楼梦》是大家耳熟能详的题

张参忠的白酸枝木刻作品《红楼梦·元春省亲》局部

材，确保了作品的影响度。选择"元春省亲"的段落，因为它看起来喜庆吉祥，众多人物与宏大场景也激起了张参忠创作的欲望。在构图上，张参忠将国画与木雕结合在一起。"我把里面的人物布局安排成一个大曲线，这样就有了流动感，如果大家像开大会一样排列得整整齐齐，就没有那种感觉。"此外，疏密关系也很关键，人物不能重叠，需要穿插设计得当。更细的地方，要考虑到作品中园林建筑、人物服饰、脸上表情所想展现的富贵喜庆之气。

在诸多小的分解画样之后，张参忠创作了一幅与作品等大的画样，用复写纸将其印到木板上。在接下来的毛坯刻制环节，层次设计尤为重要。《元春省亲》的层次多达七层，更涉及线刻、半雕、浅浮雕、深浮雕、镂空雕等几乎所有木雕雕刻手法。张参忠对照作品，为我们讲解半雕与浅浮雕的区分："浅浮雕的整个图案是鼓出来的，而半雕则是抠掉里面的木头，外面是平的。"

这幅作品从2006年开始雕刻，前后做了三年，费力惊人，"光一个人物的发丝和发髻，就得雕刻一天"。正是凭借《元春省亲》《和谐图》等三幅作品，张参忠在2012年被评为第二届安徽省工艺美术大师。随后，他以庐州木雕传承人的身份，入选安徽省"非遗"项目代表性传承人。

某种程度上，张参忠能抽出更多的精力搞艺术创作，得益于小儿子张海峰对木雕厂业务的打理。张参忠的三个孩子都从事与木雕有关的行业，大儿子开办红木家具厂，女儿在旅游品商店销售木雕产品，小儿子则继承了父亲的衣钵，专心于木雕厂的拓展。

高中毕业后，张海峰去新加坡铸币公司工作了5年，在那里，他利用之前在木雕与绘画方面的基础，一面学习钱币铸造所需用到的浅浮雕技艺，一面学习了包括AutoCAD、Photoshop、CorelDRAW等电脑制图软件。

2000年底，张海峰决定回家帮父亲打理木雕厂的生意。他很快将电脑制图引入到木雕设计中，2008年之后，随着业务扩展的需要，又购买了几十万元的机器，用于一般商品的制作与艺术品木雕的粗加工。机械加工大大降低了人力成本，"什么概念呢？一台机器如果24小时开的话，差不多可以抵10~15个人"。张海峰介绍，木雕厂的工人也因此从高峰时的六七十人下降到十几人。

尽管可以基本满足多数普通商品的需求，也能为艺术品木雕的制

张参忠作品

作节省 20%~30% 的人工，但张海峰明白，机器所能做的只是提高效率，对作品的精美程度没有任何帮助，父亲的技艺才是木雕厂长远生存的根本所在。

事实上，尽管拥有高超的木雕技艺，张参忠开始也只是抱着赚钱的朴素念头，在国家日益重视民间工艺的背景下，他希望通过自己的艺术品创作，一面为木雕厂打响品牌，一面也为庐州木雕技艺的传承与发展留下一些东西。

目前，参忠木雕厂的产品市场主要面向园林建筑装饰、酒店宾馆壁挂、旅游品以及少量的艺术藏品。在张海峰看来，木雕的市场并不小，主要看如何挖掘，尤其是艺术品市场，虽然喜欢者众多，购买者却寥寥。

采访结束后，我们在安徽省博物馆又看到了不少徽州木雕的展品。那些从门楼梁栋上拆下来的木雕，历经几百年的风尘，依然精美生动。它们似乎在告诉人们，植根于日常生活之中的艺术，才是最有生命力的。张参忠和他的木雕厂，也清醒地意识到这一点，庐州木雕的真正恢复，更取决于商品与艺术品之间交错互补的微妙平衡。

木版水印：复制的艺术

"精神永远是第一位的。木版水印不是照片，也不是高仿，完全还原、一点都不错，不可能。精神上还原到位，最重要，也最难。"

一次庞大的名画复制计划

2019 年 3 月 8 日下午，北京今日美术馆三号展馆，一场展览刚刚开幕。展厅中观众聚集最多的地方，正是那幅五代顾闳中的名作《韩熙载夜宴图》前。绢本上逼真的人物造型，丰富的生活细节，让人恍如置身于一千多年前的那场盛宴。只是，如果忽略掉此次展览的主题"复现：荣宝斋木版水印 120 年"，普通人很难发现这幅作品并非原作，而是木版水印的复制艺术品。

木版水印，源自早在唐代便得到广泛应用的中国传统雕版印刷。明崇祯十七年（1644），一代篆刻名家胡正言运用当时流行的"饾版""拱花"技艺编印了《十竹斋笺谱》，成为彩色套印木刻技艺的高峰。只是长期以来，人们更多采用这项技艺印制一些带有画家画样的诗笺与信笺，以供文人雅士案头清赏。

说起来，真正使这项传统技艺发扬光大的，正是荣宝斋。

荣宝斋的木版水印制作始于光绪二十二年（1896）增设"帖套作"机构，最初仍是传统信笺。民国时期的代表作，是 1933 年鲁迅和郑振铎与其他 9 家南纸店合作印制的《北平笺谱》，以及 1934 年起，历时七年之久印制的《十竹斋笺谱》。1945 年，荣宝斋为张大千复制他送来的一幅高 100 厘米、宽 50 厘米的《敦煌供养人像》，从此始印大幅画作。

1950 年，公私合营之后的荣宝斋设立木版水印车间，正式将这项传统木版套印技艺命名为"木版水印"。曾任荣宝斋装裱车间和生产部主任的冯鹏生在《中国木版水印概说》一书中这样解释这一命名："因为一是用木版，二是调和颜料用水，而不是油质。"

荣宝斋能从印制最初的小幅作品到复制大量古代名画，从复制纸本作品再到复制诸如《韩熙载夜宴图》这样的绢本工笔重彩名作，很大程度上源自其在 50 年代便确立的庞大复制计划。已经 91 岁的荣宝斋前编辑室主任、画家孙树梅，在家中对我们回忆起那段历史："为了使木版水印发展为荣宝斋的主营项目，我们也研究了当时的政策，然后根据既定的经营方针选择复制品种。当时，我们宏大的复制计划主要包括两个方面：一是复制当代画家的作品，主要是徐悲鸿和齐白石这两个被政府认定的'人民艺术家'的画作，并辅以其他画家的精品画作，以满足政府各部门对外交流的礼品需求和公共场所的装饰需要，同时也成为中国对外的文化窗口，用以满足外宾及华侨对中国传统文化了解和求购的要求；二是复制流传至今的古代名画。"

为此，荣宝斋聘请了一批具有临摹专长的中国画画家：董寿平作为木版水印的顾问和艺术指导，主要负责选题与对技术工人的培养；陈林斋负责临摹《韩熙载夜宴图》；冯忠莲负责临摹《虢国夫人游春图》，后来又被安排临摹《清明上河图》；于非闇临摹宋徽宗的《珍禽图》；郭慕熙临摹《文苑图》；金振之临摹《簪花仕女图》；米景扬临摹宋元画册。

正是在这批画家名手的努力下，一批历代名画才得以木版水印的方式复制，也因此有了那幅堪称木版水印巅峰的《韩熙载夜宴图》。

千载传神"夜宴图"

摹古本来就是古代画家学习、保存画作的重要手段，不过，肇始于荣宝斋的新中国的古画临摹，最初却出于木版水印制作工艺的需要。1959 年，荣宝斋在安排画家陈林斋到故宫博物院临摹《韩熙载夜宴图》前，1954 年便安排临摹组，在东北博物馆成功临摹了《簪花仕女图》《虢国夫人游春图》《瑞鹤图》《唐风图》等传世名作。

已经退休的故宫古书画临摹组成员郭文林向我回忆，正是在那个时期，故宫成立了自己的古书画临摹组，以满足当时保护条件较差情况下的长期展览需求。后来，陈林斋、冯忠莲等专家更留在了故宫工作。

《韩熙载夜宴图》是五代南唐画家顾闳中唯一的传世名作。这幅绢本工笔重彩画，纵 28.7 厘米，横 335.5 厘米，共分琵琶独奏、六幺独舞、宴间小憩、管乐合奏、夜宴结束等五大部分，连重复出现的人物在内共计 46 人，诸如床榻、几案、屏风、乐器、饮食器皿在内的生活细节更是翔实细腻，细致入微地描摹了南唐官员韩熙载在府中宴乐的场景。用木版水印技艺再现这样的长卷，其难度可想而知。

据孙树梅回忆，当时为了加快速度，保证质量，对不能直接使用原作进行印刷而需要临摹的画作，临摹者一边临摹，一边承担分版和勾描的工序，并同步进行刻版印刷。"文革"开始前，《韩熙载夜宴图》已经临摹完成，而且制版工作已完成大部分，第一段的首次印刷也告成功，试印的第四段复制品已售罄。

木版水印技艺，分为勾描、雕版、印刷三大环节。所谓"勾描"，亦称"勾描择套""勾版""临摹勾套"，是指根据原作画面的线条、颜色等具体情况，将其分成若干套版，确定分版原则后，先用透明的赛璐珞纸，将画面上的线条、皴擦和色块一套套勾描下来，然后再将其勾描到作为版样的雁皮纸上。在荣宝斋木版水印中心勾描车间，年轻的车间主任李杨用一个比喻加以说明："勾描相当于设计一辆车，好比我拿一辆奔驰车出来，一一拆解，发动机什么样子，方向盘什么样子，后面的雕版、印刷再告诉我成品是不是我要的那辆车。"

老画家陈林斋作为当年的湖社画会成员，擅长传统人物画，由他担任木版水印《韩熙载夜宴图》的勾描分版工作。为了减少对原作的损耗，陈林斋需要先临摹，然后再以临摹品作为分版的母本。深入了解画作的历史背景与用笔技法后，陈林斋完成了这幅名作的临摹。现藏于故宫博物院的《韩熙载夜宴图》临摹本，无论从绢本深度还是古品风韵来看，都曾被人误为原作。在摹本基础上，陈林斋以人物为单位，按照笔触与色彩进行分版，仅人物头部就细分了数十套刻版，整幅作品分版达到1667套。

1979年，郭文林进入故宫临摹组工作时，陈林斋还未退休，让他记忆深刻的，是老人临摹五代画作《卓歇图》时的情景。"他不厌其

荣宝斋 1979 年印制的《韩熙载夜宴图》，堪称木版水印巅峰之作，共采用 1667 块版，历时 8 年印刷完成 35 幅

烦地一遍一遍染色，至少得染十几次，甚至二十次。每次染得特别薄，这样出来的颜色，特别透，是那种沉稳的旧。"有时，陈林斋也会对他讲起《韩熙载夜宴图》用色的大胆，其中六幺独舞那段，身穿红衣的状元郎粲，背后就是一个红色的鼓，"他说一般来说，咱们搞创作一定要避开这个，两个红色在一起，不容易分出层次。你看古人就是这么高，俩红色在一起，还要分出层次来"。

木版水印的雕版环节，与传统木版雕刻并无区别。先将勾描在雁皮纸上的版样，正面粘贴到加工好的木版上，待版样快干时，搓去多余的纸，将版样上墨迹清晰呈现出来，即可以刀代笔，进行雕刻。《韩熙载夜宴图》的制版师傅张延州，当时已年近五十。他的师父是人称"板冯"的琉璃厂有名的雕版师傅冯华庭，当年为荣宝斋雕刻过张大千《敦煌供养人像》。荣宝斋雕版技师、国家级非遗传承人崇德福说，1971 年他刚参加工作时，张延州还未完成《韩熙载夜宴图》的雕版工作。记忆中，师父沉默寡言，很少讲解，但有自己独特的教学方式："你跟他学，他在刻版的时候为了让你看清楚，故意把角度留出来，歪着身子刻。"

木版水印的勾、刻、印紧密衔接，比照原作，各环节之间的交流调整必不可少。张延州精湛的雕刻技艺，让陈林斋印象深刻。他曾对郭文林讲起："刻版的师傅非常认真，他在刻的时候，也要对照原作看，有几次找他，觉得有些勾描与原件有出入，有时候我都没看出来，但他看出来了。"

印刷是木版水印的最后一道工序，也是决定成品效果的关键环节。

由于《韩熙载夜宴图》尺幅巨大，1963 年秋，荣宝斋先由技师王玉良试印了"管乐合奏"部分。画卷的主体部分，由技师孙连旺从 1971 年到 1979 年，历时八年印制完成。八年时间，所印数量不过 35 幅。

孙树梅回忆道："每个人印刷风格与他的性格有着微妙关系。比如孙连旺技师以细心见长，他印出的画非常精致，复制手法细腻的画作具有优势，在印制《韩熙载夜宴图》时，我们就选择了他。而田永庆技师则以技术全面、有创新意识见长，会选他复制一些气势宏大的画作，比如绢本画中尺幅最大的马远的《踏歌图》。"

印制《韩熙载夜宴图》前，荣宝斋早在 1960 年便印制了唐代画家周昉的《簪花仕女图》，积累了绢本印刷的技术。古代画家在绢上用工笔重彩，颜色无法一次上足，往往从绢的正反两面反复铺染，以达到匀细妍润的效果。与纸张不同，木版水印在绢上印刷，为了防止绢丝经纬扭动，必须先托后印，因而决定了只能从正面套色。如何达到古人双面染色的效果，便成为一个技术难题。画家金振之依靠自己多年的仿古经验，将"墩染"法传授给了孙连旺。所谓"墩染"，就是在每次染色之后，用手指反复按压染色部分，以使颜色能够尽快浸入绢丝，从而达到双面染色的效果。孙树梅回忆，为了提高效率，孙连旺特意制作了一个染色用的"小墩子"："用一只白气球，将一些棉花填在里面，再用线把口扎紧，印制时，可根据染色面积大小调整气球里的棉花量，从而使'小墩子'大小符合印刷要求。"

今人或许已很难想象，整整八年时间印染一幅画作，所需要的心力与定力。崇德福当学徒那会，正赶上孙连旺印刷《韩熙载夜宴图》。

他刻完版后，特别喜欢找孙师傅打样。尽管是一个小学徒，但孙连旺并不怠慢，先用水刷完搁七八分钟，然后拿墨反复刷，前前后后总要花费十多分钟，一边刷，一边讲其中道理："为什么要刷这么久？一是把线条缝里面的木渣剔掉，然后把你刻的硬棱再给磨一下。"有时，孙连旺还会讲讲自己手头的活儿："你看着，这只眼睛连着印五遍，一点也不能重。绢上不好沾颜色，我这颜色是一点一点抖上去的。"

1979年，木版水印《韩熙载夜宴图》复制成功，引起轰动。出于对年久之后木版水印与原作难分辨的担心，荣宝斋特意在每幅木版水印《韩熙载夜宴图》的压角章之后，手书"一九七九年元月第一版三十五卷之某某卷"字样，并钤有"荣宝斋印制"的图章一方。

是复制，更是手艺

木版水印的技师们津津乐道的一个故事，是在1956年，为拍摄一个电视节目，大家把92岁的齐白石接到荣宝斋。面对屋子里挂着的两幅虾图，老人无法分辨何为自己的真迹，何为木版水印作品。难辨真假，一向被视为对这项技艺最高的褒奖。

事实上，就在荣宝斋成功复制《韩熙载夜宴图》的70年代，日本著名古书画印刷社二玄社也以古书画复制名闻天下。当时，在取得中国台北故宫博物院的授权后，二玄社复制了上百件中国古代书画名作，其中就有"书圣"王羲之的《快雪时晴帖》与北宋画家郭熙的《早春图》。20世纪80年代，看完二玄社印制的"中国台北故宫博物院书画复制品展览"后，书法家启功非常感慨，称赞其为"下真迹一等"的复制品，并在文章中写道："我们愿虚心学习先进的印刷技术；向日本二玄社引进先进的技术。"

那么，二玄社的书画复制技艺，与荣宝斋木版水印的传统技艺究竟有何区别？

已在二玄社工作二十多年、担任其海外部负责人的方亚平告诉我，与木版水印不同，二玄社采用特制的宽5米、高2米、重达3吨的照相机，先对书画原作进行拍摄，然后再将其底片进行拼接，在此基础上制版、调色，胶印完成。

与传统木版水印相比，二玄社的胶版印刷由于采用高分辨率相机，印版的精准度更高；在印刷环节，胶印的效率也明显更高。据二玄社美术总编高岛义彦在2006年一次讲座中的发言，一次印刷三四千张，"像郎世宁的《仙萼长春图》，12色，我们需要花费3天才能印刷完毕。基本色一天，中间的'特色'一天，最后的'特色'又是一天"。但由于拼接底片、调色、试纸、试样等环节花费了大量精力，二玄社的胶版印刷同样需要花费大量时间。以《快雪时晴帖》的复制为例，便从1977年到1981年，花费四年之久。

在谈及二者之间的区别时，高岛义彦的回答是各有优劣："有些木版水印精品很漂亮，但因为是人用手刻的，所以在真实再现原作方面次于摄影，而艺术性却较强。"

喷墨技术的出现，无疑对传统的艺术品复制技艺带来挑战。雅昌文化便以现代喷墨技术印刷复制了大量古代书画名作。在雅昌复制经理芮勇看来，"无论是木版水印还是二玄社早期的那种采用摄影技术的胶版印刷，还是现在的这种喷墨印刷，说白了都是复制的不同工艺手段，不能说谁优谁劣。可能说，现在的喷墨印刷，技术优势更明显一点，体现在生产的速度、复制的精度更强一些，成本控制会更低一些"。

但喷墨印刷在颜料方面的缺陷，亦很明显。芮勇告诉我，要达到尽量接近古代艺术品的效果，事实上更多采用复合工艺模拟："因为喷墨印刷没有直接的金银颜料，模拟出来的金银色没有天然颜料的反光效果，在印制过程中，我们可以把其他颜色都印出来以后，再印一点金银，或者说在印制之前先印一点金银，具体做法视作品情况而定。"

方亚平告诉我，十几年前，由于印刷所需特种纸张的缺乏，经验丰富技师的退休，二玄社的古书画复制工作已陷入停顿。在 1994 年完成木版水印巨作《清明上河图》后，荣宝斋同样面临着上述问题的困扰。

为了让我直观地感受木版水印与喷墨印刷的区别，李杨先请我对比一幅采用喷墨技术打印的高仿作品与传统木版水印作品，然后告诉我："木版水印最不可替代的地方在于，讲求同工同料，画家用什么纸什么颜料，我们就用什么，基本上把我们能找到的最好的材料都用上了。木版水印所用的传统矿物质颜料是有结晶的，质感不一样，现代印刷品无论技术多么高，也不可能达到木版水印的效果。"

同工同料，似乎还不足以说明这项技艺的独特。对那些技师来说，尽管他们知道自己的目标是复制，但几乎每个人都认为自己所做的工作，是全新的创作。换句话说，他们一直被教导追慕原作的笔法、状态，去寻求作品的神髓。

1978 年，肖刚中学毕业后被招入荣宝斋当勾描技师，一个月后，

画家王雪涛给荣宝斋的印刷工人现场作画讲授

便跟随师父郭慕熙到故宫学习了五年的古画临摹。一干四十多年，谈到勾描工作，肖刚始终强调的是感觉、精神。在他看来，"精神永远是第一位的。木版水印不是照片，也不是高仿，完全还原，一点都不错，不可能。精神上还原到位，是最重要，也是最难的"。

如果说勾描是拓着原作，以画家的笔触再创作，那么雕版便是以刀为笔，在木头上还原画作的神髓。拿到一幅画，雕版师傅同样首先要研究画家的用笔技法。在木版水印的雕刻历史上，技师们需要不断突破创新，以把握不同画家的笔墨意趣。枯笔的刻法，就是这样的例子。"像齐白石、徐悲鸿那种写意的干笔，笔锋似干非干，新中国成立前的老师傅也刻不了，他们以前也没弄过。"崇德福回忆，老师傅们一起琢磨刻干笔的刀法，发现首先要保证干笔的精神，"甭管他拉出多少道，中间有多少点状的东西，都是一笔下来。刻的时候，要分清一根一根路线，一刀就得把一根从头到尾拉下来，然后再将中间断断续续的地方刻掉。一个点一个点那么刻，感觉就不对了"。在荣宝斋经常流传一些关于老技师们神乎其技的段子。据说张延州师傅有时候一上午就刻一刀，过来一边喝茶一边琢磨，考虑好后，选择自己最清醒、最有精力的时间，啪的一刀。

比起前两个环节，印刷显得最为枯燥。但即使一张中等篇幅的画作，印一两百张，往往也需要半年之久。即使像研纸这样看似机械的工作，在老师傅看来同样需要悟性和感觉。木版水印国家级非遗传承人高文英至今还记得师父田永庆教他们如何把握那种感觉："他让你先拿耙子在手背上刷，然后拿到纸上感受力度，告诉你别给它刷疼了，刷疼了，它该叫唤了。"

作者名单

《唐以金：匠人匠心》

记者 邱杨　摄影 关海彤

《关中皮影"三剑客"》

记者 艾江涛　摄影 张雷

《富阳纸的传承难题》

记者 葛维樱 杨露　摄影 于楚众

《邰立平与凤翔木版年画的兴衰》

记者 艾江涛　摄影 张雷

《杨福喜：挽起传统弓艺》

记者 艾江涛　摄影 于楚众

《李永革：修故宫的人》

记者 丘濂 尤帆　摄影 张雷

《紫砂徐门》

记者 曾焱　摄影 蔡小川

《漳州布袋木偶雕刻：徐竹初传奇》

记者 贾子建　摄影 关海彤 邓一飞 张斌

《常州白氏留青竹刻》

记者 曾焱　摄影 蔡小川

《海上顾绣与戴明教的传人》

记者 马戎戎　摄影 杨赟

《龙泉四老》

记者 葛维樱 杨璐　摄影 于楚众

《于艺人鹏师傅：让陶艺和生活合二为一》

记者 曾焱　摄影 黄宇

《手工艺的景德镇时光》

主笔 葛维樱　摄影 蔡小川

《郑尧锦：给沉香另一重生命》

记者 艾江涛　摄影 张雷

《甘而可：漆器之器》

记者 周翔　摄影 张雷

《李小平：把一支笔做好》

记者 艾江涛　摄影 闵扬

《饶家人：元青花复烧记》

记者 邱杨　摄影 黄宇

《贡斌：复原真纸体系》

记者 艾江涛　摄影 蔡小川

《柯璀玲：一个裕固族手艺人的身份书写》

记者 艾江涛　摄影 张雷

《张参忠：恢复庐州木雕》

记者 艾江涛　摄影 于楚众

《木版水印：复制的艺术》

记者 艾江涛　摄影 黄宇